ACTOS DE HABLA
de la lengua española

REPERTORIO

Jesús Fernández Cinto

edelsa

GRUPO DIDASCALIA, S.A.
Plaza Ciudad de Salta, 3 - 28043 MADRID - (ESPAÑA)
TEL.: (34) 914.165.511 - FAX: (34) 914.165.411

Primera edición: 1991
Primera reimpresión: 1996
Segunda reimpresión: 1997
Tercera reimpresión: 1998
Cuarta reimpresión: 1999
Quinta reimpresión: 2001
Sexta reimpresión: 2003
Séptima reimpresión: 2006

ISBN: 84-7711-067-0
Depósito legal: M-6666-2006
Maquetación y diseño gráfico: Joaquín González Dorao
Impresión: Rógar
Impreso en España
Printed in Spain

Introducción

1.OBJETIVOS

La fase previa a toda actividad es la reflexión sobre los objetivos que se pretenden lograr con dicha actividad. Estos objetivos estarán en correlación con las necesidades que la actividad va a satisfacer.

En nuestro caso, el objetivo que deseamos alcanzar es satisfacer las necesidades de comunicación que experimenta toda aquella persona que desea ponerse en contacto con otra cuya lengua no conoce y quiere aprender.Estas necesidades de comunicación no se presentan de una forma vaga y global sino en situaciones concretas y en actos concretos.

Lo que pretendemos es que aquel que desee comunicarse tenga a su disposición la forma de expresión de un acto de comunicación preciso en una situación precisa. Estos actos responden a los fines de la comunicación: informar, convencer, actuar sobre otro, expresar la opinión, los sentimientos, etc. etc. como van expuestos en el apartado 2 de esta introducción.

2.ESTRUCTURA

La obra está configurada de manera bastante arbitraria, pero creemos que práctica, en once secciones, cada una de las cuales reúne varios actos de comunicación que tienen un denominador común.

Enunciamos aquí solamente los títulos de las secciones ya que para ver con más detalle se pueden consultar los índices.

1. Usos Sociales
 (1-27)

2. Proponer algo a alguien
 (28-38)

3. Informar e informarse
 (39-46)

4. Expresar la opinión
 (47-57)

5. Expresar el sentimiento
 (58-66)

6. Cómo expresar las cualidades y actitudes físicas y morales
 (67-76)

7. Actos de comunicación con relación al tiempo	9. Cómo expresar la cantidad	11. Otros actos de comunicación
(77-85)	(92-97)	(104-114)
8. Actos de comunicación con relación al espacio	10. Cómo expresar la relación	
(86-91)	(98-103)	

Los actos de comunicación van enumerados a partir del 1, independientemente de la sección a la que pertenecen; se pueden localizar fácilmente con ayuda del índice. Así, la obra viene a ser un diccionario de los actos de comunicación realizables en una situación de comunicación.

3. METODOLOGÍA

Además de las nociones expuestas en el apartado 4 de esta introducción -que pueden ser útiles para las referencias y envíos desde las diferentes secciones y actos - cada sección va precedida de un pequeño prólogo en el que se exponen sus características y las de los actos en ella contenidos.

En algunos actos van indicados los diferentes registros o niveles de lengua con un signo que los identifica (nivel familiar o vulgar y nivel elevado o poco usual). Si no les sigue signo alguno es porque pertenecen al nivel estándar, común o normal.

Al pie de los actos que lo requieren, en nota, van expuestas las explicaciones y especificaciones necesarias.

Aquellos actos que pueden tener relación con otros son enviados mediante un número al acto con el que se relacionan.

4. ALGUNAS NOCIONES ÚTILES PARA COMPRENDER Y EJECUTAR MEJOR LOS ACTOS DE COMUNICACIÓN

Aunque nuestro objetivo principal es la lengua oral, no descartamos que el libro pueda utilizarse también para la lengua escrita. Con este fin ponemos a continuación, de forma muy esquemática, aquellas ideas que creemos pueden contribuir a ello.

🅐 - Según el acto de comunicación que se desee realizar, en una situación dada (situación de oral o situación de escrito) se utilizará un tipo de discurso diferente (entendemos aquí por discurso tanto la frase como el párrafo o un texto de mayor extensión).

El discurso que debemos emplear es aquel que responda a la función lingüística adecuada al acto que queremos realizar. Partiendo de las seis funciones lingüísticas se distinguen seis tipos de frase:

La frase informativa.

Se emplea para afirmar, declarar, anunciar, describir, etc.con intención de informar. Es fundamentalmente objetiva. Se utiliza este tipo de frase en la información en general (periódicos, revistas etc.), en la comunicación científica, en la literatura, en los escritos profesionales (notas de servicio, actas, etc.).El mensaje transmitido por este tipo de frase debe ser unívoco, es decir, sólo se puede interpretar en un sentido.

Se emplea fundamentalmente en las secciones 2,3,4,6, 7,8, 9, 10.

La frase expresiva.

Está llena de subjetividad. Se pone el acento sobre la expresión de las emociones y sentimientos. Refleja la personalidad del que habla.

Se emplea fundamentalmente en la secciones 1,4, 5, 11.

La frase incitativa.

Se emplea para actuar sobre otro, para persuadir, convencer, incitar a hacer algo, pedir, etc..

Se usa principalmente en las secciones 2, 11.

La frase de contacto.

Se usa para iniciar, mantener o interrumpir un contacto bien sea físico, bien psicológico.

La frase explicativa.

Utilizada para explicar la realidad (explicación) o el lenguaje (definición).

Se emplea principalmente en las secciones 3, 4, 11.

La frase poética o estética.

Se usa con fines creativos y estéticos.

Puede emplearse en todas las secciones pero principalmente en la 11.

Combinando estas frases , según la intención de comunicación, se pueden utilizar diferentes tipos de discursos:

*Si se quiere **informar** se puede redactar un artículo, un resumen, un relato, una reseña, un informe, un curriculum vitae, etc.*

*Si se desea **analizar** una idea, una obra, un libro, una película, etc se puede hacer un artículo crítico, un análisis (del tipo que sea: literario, crítico, social, filosófico, etc)*

*Si se pretende **argumentar** se pueden emplear todas las formas que veremos en la sección 11 (107).*

*Si lo que se busca es **contar, narrar**, se puede elegir entre el relato, el cuento, la novela, etc. que se verán en la sección 11 (104, 105, 106,.etc).*

B - De forma muy amplia se puede decir que la unidad de los actos de comunicación es la frase, en sus seis diferentes formas, como acabamos de ver. Ahora bien, la frase puede sufrir muchas modificaciones según el efecto que queramos lograr con ella.

- Con el procedimiento de la **adición o expansión** la enriqueceremos y lograremos matizar, precisar, explicar, etc. una idea, un sentimiento. Esta expansión puede efectuarse sobre el grupo del verbo o el del nombre.

- Si, por el contrario, lo que queremos es aligerar la frase, hacerla menos pesada, emplearemos el procedimiento contrario de la **sustración o compresión**. Al igual que el anterior puede afectar al grupo verbal o al nominal.

- Si deseamos lograr mayor precisión y exactitud o mayor matización, emplearemos el procedimiento de la **sustitución o conmutación** que consiste en reemplazar un elemento de la frase por otro que tenga la misma función pero que se adecue mejor a la situación de comunicación o al registro que se emplea.

- Si pretendemos que la frase sea menos monótona o uniforme, podemos emplear el procedimiento de la **permutación**. Con ello subrayamos de forma psicológica lo que queremos destacar en la frase; podemos poner de relieve el aspecto o la parte de la frase que nos interese. Si decimos "Mi amigo Luis irá en Navidad a Moscú", permutando las palabras podemos realzar que es "mi amigo Luis el que irá", adónde irá, cuándo, etc.

El resto de las nociones que creemos convenientes para mejor desarrollar los actos de comunicación irá expuesto al principio de las secciones o de los actos.

5.A QUIÉN PUEDE INTERESAR

Creemos que la obra puede ser útil para aquellas personas que ya poseen algunos conocimientos de la lengua española y desean perfeccionarlos, sobre todo en su vertiente oral.
Puede también servir como complemento a aquellos alumnos que estudien el español como lengua extranjera.
Igualmente pueden echar mano de ella los profesores de Español Lengua Extranjera para proponer la creación de microsituaciones o la realización de ejercicios.

6.CLAVES

Texto normal, o de pregunta (en el caso de que haya una respuesta correspondiente).

Texto de respuesta.

Frases contrapuestas.
Ej.:Capacidad, Incapacidad.

Adjetivos contrapuestos.
Ej.:Interesante, aburrido.

* Indica que la expresión pertenece al lenguaje familiar o coloquial, a veces incluso vulgar.
◊ Indica que la expresión pertenece al lenguaje culto, literario o poco usual.

Índice Temático

Índice Temático

SECCIÓN SEGUNDA: PROPONER ALGO A ALGUIEN

2

11

SECCIÓN OCTAVA:
ACTOS DE COMUNICACIÓN CON RELACIÓN AL ESPACIO

SECCIÓN NOVENA:
CÓMO EXPRESAR LA CANTIDAD

SECCIÓN DÉCIMA:
EXPRESIÓN DE LA RELACIÓN

SECCIÓN UNDÉCIMA:
OTROS ACTOS DE COMUNICACIÓN

Usos Sociales

Usos Sociales

Van incluidos en esta sección actos de comunicación que podrían ir perfectamente en alguna de las restantes secciones. Se han reunido aquí porque son los que generalmente se emplean en el trato social.

1.SALUDOS

ⓐ En general.

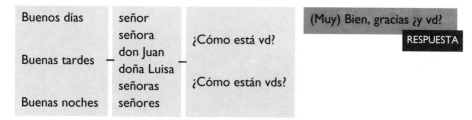

Buenos días	señor		
	señora	¿Cómo está vd?	(Muy) Bien, gracias ¿y vd?
Buenas tardes —	don Juan	—	RESPUESTA
	doña Luisa		
	señoras	¿Cómo están vds?	
Buenas noches	señores		

ⓑ Si se tiene confianza con la persona a la que se saluda.

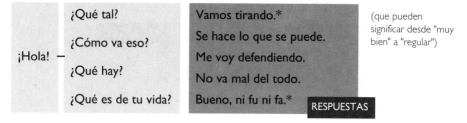

	¿Qué tal?	Vamos tirando.*	(que pueden significar desde "muy bien" a "regular")
	¿Cómo va eso?	Se hace lo que se puede.	
¡Hola! —		Me voy defendiendo.	
	¿Qué hay?	No va mal del todo.	
	¿Qué es de tu vida?	Bueno, ni fu ni fa.* RESPUESTAS	

ⓒ Con extrañeza al encontrar a un conocido.

¡Hombre! tú por aquí ¿qué tal? (o cualquier expresión de la **b**)

ⓓ Al entrar en un lugar donde hay varias personas (conocidas o de confianza).

¡Hola! buenos días a todos (o a todo el mundo) *¡Buenas! ¿qué tal?

¡Hola! Buenos días (*buenas)
(O asintiendo con la cabeza).
RESPUESTA

19

e **Hablando por teléfono.**

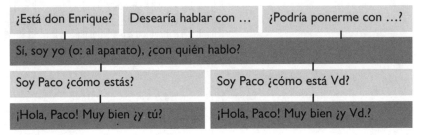

¿Está don Enrique?	Desearía hablar con …	¿Podría ponerme con …?
Sí, soy yo (o: al aparato), ¿con quién hablo?		
Soy Paco ¿cómo estás?		Soy Paco ¿cómo está Vd?
¡Hola, Paco! Muy bien ¿y tú?		¡Hola, Paco! Muy bien ¿y Vd.?

f **Se puede decir a alguien que salude a una persona ausente.**

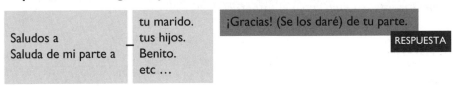

Saludos a Saluda de mi parte a	—	tu marido. tus hijos. Benito. etc …	¡Gracias! (Se los daré) de tu parte. RESPUESTA

2. PRESENTACIONES

a **Presentarse uno mismo.**

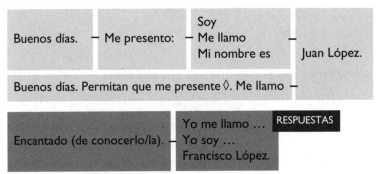

Buenos días.	— Me presento:	—	Soy Me llamo Mi nombre es	—	Juan López.
Buenos días. Permitan que me presente ◊. Me llamo —					

Encantado (de conocerlo/la).	—	Yo me llamo … RESPUESTAS Yo soy … Francisco López.

b **Presentar a otros.**

Antes de hacer las presentaciones:

¿Vd. conoce (ya) al señor / a la señora? ¿Vds. se conocen? ¿Vd. ha oído hablar de (del señor / de la señora / de la señorita)?

En el momento de la presentación:

Le presento a Voy a presentarle a Quisiera presentarle a Permítame presentarle a ◊	—	mi tío Pablo. mi hermana. mi compañero. mi amigo.

Encantado (de conocerlo / la).

Me alegro (mucho) de conocerlo / la.

Tanto gusto (en conocerlo / la).

RESPUESTAS

Ya he oído hablar de Vd.

Ya nos conocemos hace mucho tiempo.

c **En un ambiente informal,** entre jóvenes, estudiantes, etc., se pueden hacer las presentaciones simplemente citando los nombres (acompañando con un gesto).

| Juan, Antonio | ¡Hola, Juan!; ¡Hola, Antonio! |

Aunque va cayendo en desuso, también sirve para presentar el adverbio "aquí", señalando con un gesto a quienes se presentan.

Aquí Juan, aquí María.

3. CÓMO DESCRIBIR LAS RELACIONES CON LOS DEMÁS

a **Relaciones de amistad, de camaradería.**

Ya conoces a mi — amigo ...
compañero ...
amiguete ...*

José es para mí como un hermano.

Nos conocemos de toda la vida.*

Es como la niña de mis ojos.   (Muy enfático y poco usual)

b **Relaciones de parentesco, familiares.**

Es — mi hijo / a.
mi sobrino / a.
etc. ...

Somos parientes.

Los "Ruiz" de Madrid son parientes lejanos.

Los de Valladolid no me tocan nada.*

21

Los de Sevilla son familia directa.

Los de Málaga son familia política, por parte de mi mujer.

ⓒ Relaciones amorosas.

(No) tiene novio/a.   Está prometido/a.   Tiene un/a amante.

Sale con   un/a chico/a.
Va con   — un hombre.
Está con   una mujer.

Vive con su —
mujer (esposa).
marido (esposo).
compañero/a.
amigo/a.

Ha dejado a su —
mujer / marido.
esposa / esposo.
cónyuge (en trámites administrativos).

Está —
soltero/a.
casado/a.
viudo/a.
separado/a.
divorciado/a.

ⓓ Relaciones administrativas, profesionales (algunas muestras léxicas.)

El **inquilino** nunca está contento con el alquiler que le fija el **propietario**.

Como **ciudadano** debo contribuir al bien del país y como **contribuyente** puedo exigir el buen empleo de los impuestos.

Raras veces coinciden los intereses de los **patronos** con los de los **obreros**.

El **jefe** sabio y prudente se hace apreciar por los **subordinados**.

Entre **colegas** no hay que andarse con tantos miramientos.

Los **proveedores** de esta firma no saben a qué clientes van destinados estos productos.

Los **profesores** entienden bien a los **alumnos**.

Los pueblos tienen los **gobernantes** que se merecen, pero los **gobernados** a veces no lo creen así.

e **Para las relaciones en correspondencia ver 113.**

4. HABLAR SOBRE EL ESTADO DE SALUD O DE ÁNIMO

a **Preguntar a alguien por su estado físico o anímico.**

¿Qué hay, hombre?   ¿Cómo vamos?   ¿Cómo te encuentras?   ¿Cómo estás?

¿Cómo van esos ánimos?   ¿Qué tal sigues?   ¿Qué te pasa?   ¿Dónde te duele?

¿Qué te duele?   ¿Te duele mucho?   ¿Tienes mucho dolor?   ¿Es grave?

¿Llamo a un médico, a urgencias?

b **Cuando se está bien** (o una persona encuentra bien a otra).

Estoy bien.   Me encuentro bien. Gracias.   Estoy en forma.

Está como — un roble. / una moto.*   Está sano como una manzana.   Por ti no pasan los años.

Estás hecho — un chaval.* / un pimpollo.*   Te encuentro — fenomenal. / bárbaro.

Lo encuentro rejuvenecido.   Te has quitado veinte años de encima.

Tienes buen aspecto.   Tienes un aspecto formidable.

Vende salud.   Todo le sienta bien.

c **Cuando se está mal** (entre amigos).

Me encuentro mal.   No me encuentro bien.   Estoy cansado.

Tengo el ánimo por los suelos.   No valgo para nada.   Estoy hecho unos zorros.*

No levanto cabeza.   Estoy que me caigo.*   Estoy deshecho.*

Estoy hecho polvo (migas, trizas).*

Con el médico:

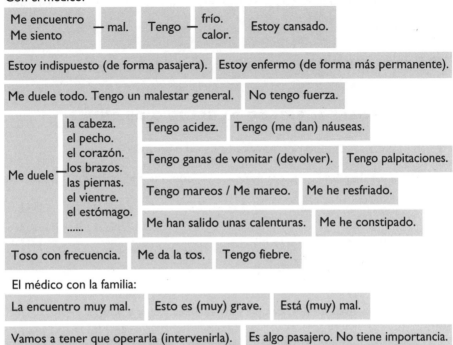

| Me encuentro / Me siento | — mal. | Tengo — frío. / calor. | Estoy cansado. |

Estoy indispuesto (de forma pasajera). Estoy enfermo (de forma más permanente).

Me duele todo. Tengo un malestar general. No tengo fuerza.

Me duele — la cabeza. / el pecho. / el corazón. / los brazos. / las piernas. / el vientre. / el estómago. / ......

Tengo acidez. Tengo (me dan) náuseas.

Tengo ganas de vomitar (devolver). Tengo palpitaciones.

Tengo mareos / Me mareo. Me he resfriado.

Me han salido unas calenturas. Me he constipado.

Toso con frecuencia. Me da la tos. Tengo fiebre.

El médico con la familia:

La encuentro muy mal. Esto es (muy) grave. Está (muy) mal.

Vamos a tener que operarla (intervenirla). Es algo pasajero. No tiene importancia.

d **Al conocer el mal estado de alguien.**

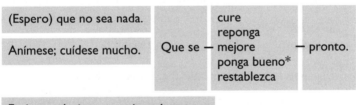

(Espero) que no sea nada.

Anímese; cuídese mucho.

Que se — cure / reponga / mejore / ponga bueno* / restablezca — pronto.

Está convaleciente y mejorará pronto.

e **Sobre los sentimientos** (véase sec. quinta).

5. DESEAR ALGO A ALGUIEN

a **Acogida oficial** (Cuando alguien llega a un país, a una ciudad).

Bienvenido/a a ... Le damos la bienvenida.

Deseamos que disfrute de su estancia entre nosotros.

ⓑ En las fiestas.

Feliz —	día. cumpleaños. aniversario. ...	Feliz —	Navidad. Año Nuevo. Año Viejo. ...	Felices —	Navidades. Fiestas. Pascuas. ...

(Muchas) felicidades.

ⓒ Cuando alguien emprende un viaje (vacaciones, etc.).

(Que tengas) buen viaje.   Que (te) lo pases bien.   Buenas vacaciones.

Que disfrutes de tus vacaciones.

ⓓ Cuando se va a hacer algo difícil (exámenes, etc.).

Suerte.   Te deseo mucha suerte.   Que la suerte te acompañe.

ⓔ Cuando alguien ha tenido éxito en algo.

Felicidades.   Enhorabuena.   Mi más sincera enhorabuena.

ⓕ En las desgracias, fracasos, enfermedades, etc.

Ánimo.   Esto pasará pronto, que no hay mal que cien años dure.   Que sea leve.

No te preocupes, otra vez será.   La experiencia es un grado.

No hay mal que por bien no venga.   Que te pongas pronto bien.

Que se recupere pronto.   Cuídese.

ⓖ En las comidas.

Al empezar:

Buen apetito.   Que aproveche.

Al brindar:

(A su) salud.   Brindemos por ...   Levanto mi copa para brindar por ...◊

Chin, chin.*

ⓗ Al ir a dormir.

Buenas noches. Hasta mañana.   Felices sueños.   Que descanses.

ⓘ Al despedirse (véase 27).

Adiós.   Que vuelvas pronto.   Espero verles de nuevo.   Ya sabe dónde nos tiene.

Hasta — luego.
pronto.
otro día.

6. OFRECER ALGO A ALGUIEN

ⓐ Ofrecer un regalo (por ejemplo a alguien que os invita a comer o que os ha hecho un favor).

He traído estas flores para vd.   Es un pequeño obsequio para vd.

He creído que le agradaría.   No es nada; es sólo (un pequeño) detalle.

Esto es para los niños.

Es muy amable (de su parte) pero no tenía que haberse molestado.

No era necesario; ya sabe lo que le apreciamos.

No tenía que haberse molestado; no hacía falta.

RESPUESTAS

ⓑ Ofrecer de beber (véase 7).

Por ejemplo, al recibir una visita.

RESPUESTAS

¿Puedo ofrecerle algo de beber?

Sí, muchas gracias, con mucho gusto.

¿Le apetece una copa?

¿Qué — quiere (desea) tomar?
te / le apetece?   ¿Qué le sirvo?

Póngame tal bebida …

RESPUESTAS

¿Qué quiere beber, un refresco, un licor?

Sí, tomaré un poco de …

Aquí están las bebidas; sírvete tú mismo; estás en tu casa.   Póngame algo sin alcohol.

No, gracias, no bebo.　No, gracias, acabo de tomar una copa.

No, no, gracias, ─ no me apetece ahora.
　　　　　　　　　　 no tengo sed.

RESPUESTAS

Después de haber bebido.

Es un vino excelente (muy fino).　Es un vino (licor) francamente bueno.

Está ─ exquisito.
　　　　delicioso.

c Ofrecer de comer (véase 7).

En la mesa.

Tenga; sírvase vd. mismo, por favor.　Sí, un poco (poquito) más, gracias.

¿No quiere un poco más de …?　Sí, gracias, está muy bueno (delicioso, exquisito)

¿Un poco (poquito) más?　No, gracias, ya he tomado mucho.

No, gracias, está muy bueno, pero no puedo más.

RESPUESTAS

d Ofrecer un servicio (véase).

En un comercio, oficina de información, establecimientos públicos …

¿Qué desea?　Quiero …　Querría …　Quería …　Busco …

¿Qué se le ofrece?　Buscaba …　Desearía …

¿En qué puedo servirle?　¿Me podría vd. decir adónde debo ir para …?

¿Desea algo (el señor)?　¿Qué debo hacer para …?

RESPUESTAS

¿Qué quería?*　¿A qué hora sale …?

En un bar.

RESPUESTAS

¿Qué va a ser?*　¿Qué le sirvo?　¿Qué desea?

Quiero　 una copa.

¿Qué quiere tomar?　¿Qué va a tomar (el señor)?

Póngame ─ una caña.
　　　　　 un tinto.

Voy a tomar　un café.

¿Qué se le ofrece?◊

7. INVITAR - ACEPTAR - DECLINAR UNA INVITACIÓN

ⓐ Antes de invitar.

Con objeto de conocer la disponibilidad de la persona a la que se va a invitar, a modo de sondeo, se le puede proponer:

¿Qué vas a hacer el domingo?	¿Qué plan tienes para …?
¿Estás libre el viernes?	¿Se puede contar contigo el jueves?

ⓑ El acto de la invitación.

En general:

Tendría mucho gusto en que — nos acompañase a comer / comiera con nosotros — mañana.

Te invito a comer con nosotros.	Si queréis tomar unos helados, os invito.
¿Os apetece ir al cine? Os invito.	¿Te interesaría ir a la ópera? Tengo dos entradas.

Si, estando en un bar, o en algún establecimiento similar, se ha consumido algo, la invitación puede indicarse del modo siguiente:

Yo invito.	Esta ronda la pago yo.*

Si alguien hace ademán de pagar: No, no; pago yo; otro día te tocará a ti.

En invitaciones más formales, oficiales, si la invitación no se hace por escrito sino verbalmente, suele emplearse alguna fórmula como las siguientes, transmitida por otra persona.

El señor … tiene el honor de invitarle a … rogándole comunique su aceptación.◊

Don … tendría mucho gusto en que les acompañase al acto de …◊

ⓒ Aceptación de la invitación.

En general:

Encantado, me gustaría mucho.	Acepto encantado, eres muy amable.
De acuerdo, es una buena idea.	Muy amable, te lo agradezco de verdad (de veras).

Bueno, no es mala idea.   Sí, hombre, me apetece muchísimo.   Bueno, si quieres …

No te digo que no, pero tengo que consultarlo y te llamaré después.

En invitaciones más formales. Si se ha recibido por escrito se contesta del mismo modo, indicando que se acepta y agradeciendo la invitación; si la invitación es verbal, puede responderse:

Tendré mucho gusto en asistir. Comuníquele mi agradecimiento.◊

Iré muy gustoso; dele las gracias de mi parte.◊

d **Declinación de la invitación.**

En general:

Eres muy amable, pero no puedo.   Lo siento mucho, pero tengo un compromiso.

No, no se moleste, se lo agradezco de todas formas.

Te lo agradezco, pero no me es posible.   Me gustaría pero me es totalmente imposible.

Te lo agradezco mucho, pero la ópera no es mi fuerte.

En las invitaciones más formales:

Dígale al señor que se lo agradezco muchísimo, pero que para esa fecha tengo un compromiso ineludible desde hace ya mucho tiempo (o alguna otra excusa o motivo parecido).◊

e **Sugerir algo a alguien.**

Cabe hacer la distinción entre invitar y sugerir: en la invitación, el que invita, paga; en la sugerencia, se paga conjuntamente.

¡Qué!¡Tomamos una copa?   ¿Y si fuéramos al cine (teatro, fútbol, etc.)?

¿Comemos juntos?   Te sugiero que se lo digas.   ¿Has pensado en hacerlo tú mismo?

Te aconsejo que lo llames antes por teléfono.   ¿Por qué no decírselo antes de hacerlo?

Como respuestas, tanto si se acepta como si no, pueden emplearse fórmulas semejantes a las de la invitación, pero más atenuadas; por ejemplo: RESPUESTAS

Bueno, es una buena idea.   ¿Por qué no? No tenemos nada mejor que hacer.

No, hoy no, lo dejaremos para mejor ocasión (para otro día, para otro momento).

Lo veo muy difícil, pero lo intentaré.   No, no me apetece.

RESPUESTAS

No me parece ─ oportuno.
conveniente.

8. AGRADECER - PEDIR AGRADECIMIENTO

a Agradecer.

Gracias	Señor	mucho.
Muchas gracias	— Señora	Se lo agradezco — de todo corazón.◊
Muchísimas gracias	Señorita	muy sinceramente.
Se lo agradezco mucho	Juan, ...	Es muy amable de su parte. No lo olvidaré jamás.

Le estoy muy reconocido / agradecido.   No sabe cuánto se lo agradezco.

b Responder al agradecimiento.

De nada.   No hay de qué.   No es nada.   ¡Venga, por favor! No es nada.

¡Se lo suplico!   Es una pequeñez. No merece la pena.

No me lo agradezca, por favor; no es nada.

RESPUESTAS

c Pedir agradecimiento.

Se lo debes agradecer a Juan, no a mí.   Juan lo ha hecho, agradéceselo a él.

Dale las gracias al señor.
¿No sabes qué se dice?   (a un niño)
¿Qué se dice?

Ya puedes agradecérmelo.
(Sobre todo) No me des las gracias.   (con ironía)
No des las gracias, que te puedes fatigar.

9. ACOGER (véase 6,7)

Cuando se recibe a alguien -amigos sobre todo- después de los saludos.

| ¡Qué alegría veros! | Entrad (entrad), por favor. | Pasad (pasad), por favor. |

| Dadme vuestras cosas. | Dejad vuestras cosas ahí. | Poneos cómodos. |

| Estáis en vuestra casa. | ¡Qué caros sois de ver! | (Si hace tiempo que no vienen). |
| Sentaos, por favor. | ¡Por fin habéis venido! Ya era hora de que os dignárais venir. | |

10. EN LAS COMIDAS (véase 5g)

Al sentarse a la mesa antes de empezar a comer.

| ¡Que aproveche! | ¡Buen provecho! | ¡Buen apetito! |

Si alguien llega cuando se está comiendo, dice también:

¡Que aproveche!

A lo que se responde:

Si vd. gusta ...

RESPUESTA

11. BRINDAR (véase 5g)

Al final del acto, de la comida, al hacer el brindis:

| ¡A su salud! | ¡A la vuestra! | ¡A la suya! | Por el éxito de ... | Chin, chin.* |

12. FELICITAR (véase 5e)

| Me alegro de que le haya salido todo bien. | Te felicito. | Te felicito por tus éxitos. |

| Me alegra ver que lo has conseguido. |

13. DAR UNA NOTICIA

a En general.

| Les comunico que ya ha llegado el señor. | ¿A que no sabes que ...? |

Les anuncio que ...   Les informo de que ...   ¿Vds. sabían que ...?

¿No sabían que ...?   ¿Conocían la noticia ...?   Imagínate, ya ha venido.

Quizás no me creas, pero ... es verdad / es cierto.

Tenemos el honor de ◊ | anunciarles que informarles de que | —nuestros hijos contraerán matrimonio ...

ⓑ Dar una buena noticia.

Tengo que darte una buena noticia ...   No sabes cuánto me agrada comunicarte que ...

Enhorabuena; lo has logrado; ya tienes lo que deseabas.

Por fin, lo que querías, ya es realidad.

ⓒ Dar una mala noticia.

Tengo que darte una mala noticia ... (una noticia desagradable)

Lo siento, pero me veo en la obligación de decirte ... (una noticia desagradable)

Me han encargado a mí comunicártelo ...   Creo que debo ser yo quien te lo diga ...

ⓓ Dar una noticia extraordinaria (buena o mala).

¡Agárrate! ¿Te imaginas que ...?*   ¡Prepárate! No te lo vas a creer.

¡Alla va la bomba! ¡Me ha tocado el gordo!*

14. HACER - ACEPTAR UN CUMPLIDO

Tienes un aspecto estupendo.   ¡Qué zapatos tan bonitos!¿Dónde te los has comprado?

Ese peinado te cae a la perfección.   ¡Cómo me gusta el vestido que llevas!

Ese vestido te sienta muy bien.   ¿Cómo te las arreglas para estar siempre tan joven?

Tratándose de ti, eso es natural.   (atribuyendo algo bueno a alguien)

Te mereces eso y mucho más. Eres el que más se lo merece.

Puede responderse:

¿De veras? Son los ojos con que me miras. Eres muy amable.

Eres muy benévolo. No es así, pero te lo agradezco. También tú estás muy bien.

15. DAR EL PÉSAME

ⓐ En plan formal.

Le acompaño en el sentimiento. Mi más sentido pésame.

ⓑ En general.

Lo siento mucho. Ya sabes cuánto le queríamos. Todos compartimos tu dolor.

Le vamos a echar mucho de menos. Consuélate; ya ha dejado de sufrir.

Puedes contar conmigo para (todo) lo que necesites.

16. COMPADECERSE (véase 5)

Cuando alguien cuenta algo desagradable o doloroso que le ha sucedido.
Por ejemplo:
1.- Me han robado el bolso.
2.- No he aprobado las oposiciones.
3.- Me han reclamado de Hacienda.

No sabes cuánto lo siento. (1,2,3) ¡Qué tiempos! ¡No hay seguridad! (1)

¡Qué mala suerte! (1,2,3) Otra vez será; la antigüedad es un grado. (2)

¡Qué fastidio (lástima, pena)! (1,2,3) ¡Lo que hay que ver! (1,3)

17. LLAMAR - ATRAER LA ATENCIÓN

ⓐ En la calle al dirigirse a alguien.

¡Oiga! ¡Por favor! ...Señor (señora, señorita, joven).

ⓑ Cuando se va a un lugar y no se encuentra a nadie.

| ¿Hay alguien? | ¿Es que no hay nadie? | ¿Me puede atender alguien? |

ⓒ En un bar, café, etc.

Por favor, camarero ¿Podría darme la carta?

Vd. perdone ¿Me podría decir hasta cuándo sirven comidas?

¡Oiga! ¿Podría indicarme dónde están los servicios?

ⓓ Al dirigirse a alguien desconocido, a cierta distancia.

| ¡Eh, oiga! !Usted! | ¡Oiga! ¡El del sombrero! |

ⓔ Al llamar por teléfono (Véase 1).

El que llama, si no oye a nadie:

¡Oiga!

Si el que escucha responde: ¡Dígame!

| ¿Es el (número) 215 24 30? | ¿Es el hospital? | ¿Podría hablar con el señor F. de T.? |

18. CONVERSAR

Ⓐ Aspecto informal.

ⓐ Cómo entablar una conversación (en general)

En compañía de conocidos.

| ¡Hola! ¿Qué tal? | ¿Sabes algo sobre / de (nuestros amigos)? | ¿Has oído algo de...? |

| ¿No has leído en el periódico que...? | ¡Vaya tiempo que tenemos/hace! | ¿Qué hay? |

ⓑ Cómo cambiar de tema.

| ¡Oye! A propósito de ... | Esto me hace pensar en... | Y ¿qué me dices sobre...? |

| Eso me recuerda ... | Dime, ¿no sabes nada de ...? |

| Cambiando de tema ¿qué me dices de ...? | Volviendo a lo de antes ... |

34

c Cómo pedir, tomar, mantener, dar y rehusar la palabra.

Pido la palabra. Yo quisiera decir … Sobre eso tengo algo que decir.

A mí me parece … Escuchad … Dejadme hablar. ¿Me dejan acabar?

¿Puedo decir algo yo también? ¿Puedo terminar? Espere, aún no he acabado.

Doy (cedo) la palabra a … Tiene la palabra … Fulano ha pedido la palabra.

Me gustaría saber qué piensa vd. sobre … Hable, le escuchamos. ¿Decía vd. (algo)?

No es su turno. Espere, después hablará. Cállese, no le toca hablar a vd.

d Pedir el parecer de otro (véase sec. cuarta).

Y tú ¿qué opinas sobre esto? ¿Tú no dices nada al respecto?

¿No tienes nada que decir? ¡Venga! Di algo. ¿Cómo estás tan callado?

¿Tú estás de acuerdo?

B Aspecto formal (véase sección undécima).

a Anunciar un tema.

Voy a tratar el tema en cinco puntos. En primer lugar … Después …

A continuación … Vamos a hablar de estos problemas.

b Señalar el principio de un punto.

Comencemos por … Al principio… En un primer momento …

En lo relativo a … En lo que concierne a …◊ Ante todo …

Lo primero que hay que decir … Llegamos aquí a un punto esencial.

c Para concluir.

Como conclusión … No quiero ser pesado.* No voy a extenderme más …

Eso demuestra que ... | Así pues ... | Finalmente ... | Como consecuencia ...

Lo que me permite decir, para terminar ... | Como último punto ...

Resumo y termino. | Y concluiré diciendo ...

19. PEDIR LA APROBACIÓN - LA DESAPROBACIÓN

Tú lo apruebas ¿No? | Habrías hecho como yo ¿Verdad? | ¿Está bien así?

¿Estás de acuerdo? | Es correcto ¿No? | ¿Crees que he obrado bien?

Tú no estás de acuerdo ¿No? | No debí hacerlo así ¿Verdad?

¿Crees que lo he hecho mal? | ¿Crees que me he equivocado?

Seguro que no opinas como yo. | Veo que no eres de mi parecer.

20. PEDIR AYUDA (véase 17)

a En algún peligro o accidente.

¡Socorro! ¡Socorro! | ¡Ayúdenme! ¡Ayúdenme! | ¡Ayuda! | ¡Auxilio!

b En otras circunstancias.

¡Policía! | ¡Al ladrón! | ¡Al asesino! | ¡Fuego! ¡Fuego!

21. PEDIR PERDÓN - INDICAR QUE PIDAN PERDÓN

a Al hacer algo indebidamente (torpemente, molestando a alguien).

Perdón. | Vd. perdone. | Perdón; ha sido sin querer. | No lo he hecho aposta.*

Perdón; no lo he hecho ex profeso (queriendo). | Discúlpeme; no quise hacerlo.

Vd. dispense; no me he dado cuenta. | Lo siento; fue sin querer.

¡Soy imperdonable! | ¡Qué torpe soy! | No he querido molestarlo.

No lo haré más. | Le presento mis disculpas (mis excusas). No volverá a suceder.◊

Estoy confundido. No sé qué decirle.◊ | Tenga la amabilidad de perdonarme.◊

ⓑ Cuando hay que decir o pedir algo difícil o desagradable.

Perdone, pero el humo me molesta; le ruego que no fume.

Me molesta (el) decírselo, pero me está pisando el zapato.

Lo siento, pero ese asiento es el mío.

ⓒ Indicar que pidan perdón.

Podría disculparse ¿no? | Espero sus disculpas. | Discúlpese, por lo menos.

Por lo menos, pida perdón. | Presenta tus excusas (disculpas).◊

Sobre todo, no te disculpes. | (ironía)

22. PEDIR A ALGUIEN QUE TRANSMITA-QUE NO TRANSMITA ALGO

Diga a Juan que Pedro ha venido. | Le ruego que diga a ...◊

¿Sería tan amable de decir...?◊ | Salude de mi parte a... | Dígale de mi parte que...

Dígale que eso me lo tiene que decir él mismo.

Besos
Recuerdos — para todos.
Saludos

No quiero que — se entere.
él lo sepa. | De esto ni una palabra. | Esto ni lo mencione.

De esto ni mu.* | Esto como secreto de confesión.

Callado (calladito) como una tumba.

Y en general, la negación de las primeras frases, afirmativas .

37

23. SOLICITAR PERMISO

¿Puedo hacer (decir, poner, fumar, etc.) …? Le importa que haga …?

¿Me permite | pasar?

¿Me deja | que pase?

¿Le molesta que cierre la ventana? ¿Se puede cantar?

¿Está permitido fumar? ¿No está prohibido fumar?

Me gustaría irme pronto. ¿Es necesario que me vaya? Me gustaría quedarme.

¿De verdad quiere que me vaya? Me gustaría quedarme.

¿Debo irme realmente? Me gustaría quedarme.

El número 24 puede considerarse como las respuestas al 23.

24. DAR O NEGAR AUTORIZACIÓN

Sí, puede vd. hacerlo. ¡No faltaba más! ¡Pues claro que sí! ¡Muy bien!

¡De acuerdo! ¡Vale! ¡Por supuesto! RESPUESTAS

Lo siento, pero en este momento no puede ser. No. (Vd) no puede. No.

No, en absoluto (eso me molesta enormemente). Perdone, pero eso no es posible.

De ningún modo (¿Qué se ha creido vd?). No; ¡pues no faltaba más que eso!

RESPUESTAS

Si la otra persona insiste:

He dicho que no y es no. Cuando digo que no es que no.

Que no; de ninguna manera. No insistas; es inútil; pierdes el tiempo; que no.

Pero ¿es que no entiendes? He dicho que no.

RESPUESTAS

25. DESENTENDERSE DE ALGUIEN

Cuando alguien molesta con sus palabras o acciones y no quiere marcharse.

Váyase, por favor. Déjeme en paz, se lo ruego. ¿No ve que me está molestando?

Déjeme tranquilo. Haga el favor de marcharse. Si sigue así, llamo a la policía.

Me está vd. molestando ¿Es que no se da cuenta?   Escurre el bulto.*   Lárgate.*

Váyase a hacer gárgaras.*   (Y otras muchas expresiones malsonantes.)

26. CONCERTAR UNA CITA

a Con los amigos.

¿Nos vemos el jueves?   ¿Cuándo te parece que nos veamos?

Podríamos vernos un día de éstos.   ¿Cenamos juntos mañana?

Nos vemos a la entrada del cine.   ¿Te va bien a las ocho y media?

¿Te conviene esa hora?

Pueden darse las respuestas siguientes:

Me parece muy bien.   De acuerdo; hasta entonces, (pues).

Estupendo, me va de perlas (de maravilla).*

RESPUESTAS

No; es demasiado pronto.   Será mejor otro día.   ¿Por qué no a las seis?

El jueves estoy muy ocupado.   No puedo; estoy muy cansado.

RESPUESTAS

b Con el médico.

Desearía hora con el Doctor para la semana que viene.

¿Podría ver al Doctor lo antes posible? He tenido un accidente.

¿Qué día puedo ir a ver al Doctor?   ¿Sería posible el jueves a las cinco?

¿Qué días de visita tiene el Doctor?   ¿Me podría dar hora para mañana?

Las respuestas podrían ser éstas:

RESPUESTAS

El Doctor está fuera y no vuelve hasta pasado mañana.

Venga vd. el jueves a las seis. Es la única hora que le queda libre.

No le puedo dar hora.   (Las horas) están cogidas hasta dentro de un mes.

Puede vd. venir cuando quiera si es un caso urgente.

c Con fines de trabajo, profesionales.

¿A qué hora podría hablar con el señor ...?   ¿Está libre a las once?

¿Podría verlo por la tarde?   ¿Es buena hora a las doce?

Hace una semana quedé con ... en llamarle para concertar una entrevista.

¿Puede decirme si ha vuelto ya?

He visto en el periódico un anuncio de trabajo ¿A qué hora y a dónde debo ir?

Las respuestas podrían ser éstas: RESPUESTAS

El señor ... está hoy muy ocupado; venga mañana a las diez.

El señor ... ha vuelto ya, pero no podrá recibirlo hasta dentro de tres días.

Debe presentarse en la calle ... número ... de 4 a 7.

27. **DESPEDIDAS**

a En general.

Adiós.   Adiós, señor (señora, señorita...).   Hasta la vista.   Hasta otro día.

Chao.*   (entre amigos)

b Cuando se van a volver a ver en una fecha o momento preciso.

Hasta pronto.   Hasta luego.   Hasta mañana.   Hasta el domingo.

Nos vemos.*   Hasta uno de estos días.

c Si va a transcurrir un tiempo indefinido sin verse.

A ver si nos vemos.   Hasta que queráis.   Hasta la próxima.   Nos llamamos.

Os esperamos de nuevo.

d Cuando se va de viaje, de vacaciones.

Adiós y buen viaje.   Hasta la vuelta.   Feliz viaje; hasta pronto.

Adiós; felices vacaciones.

Proponer algo a alguien

Proponer algo a alguien

28. PROPONER - OFRECER

a **En general** (véase 6,7).

> Le propongo acompañarle.   Esto es lo que le propongo.

> Si le es útil, puedo acompañarle.   Si quiere que le acompañe, no dude en decírmelo.

> ¿Quiere (desea, le gusta) que le acompañe?   ¿Qué le parece si le acompaño?

> ¿Puedo acompañarle?

b **Ofrecer un regalo** (véase 6).

c **Ofrecer de comer, de beber** (véase 6).

d **Acoger** (véase 9).

e **Proponer ayuda.**

> ¿En qué puedo ayudarle?   ¿Puedo ayudarle en algo?   ¿Necesita que le ayude?

> ¿No quiere que le ayude?   ¿No es mucho para vd. solo? ¿Me permite?

> ¿Le echo una mano?*

Si se acepta la ayuda, se puede responder: **RESPUESTAS**

> No sabe lo que se lo agradezco; ya no podía más.   Sí, (ayúdeme) por favor.

> ¡Oh, sí! Muchas gracias. Es vd. muy amable.   Sí, gracias; si no es mucha molestia.

43

Si no se acepta la ayuda, se puede responder:

No, muchas gracias; no hace falta.

No, gracias; puedo arreglármelas yo solo.

Es muy amable, pero no hace falta.

❶ Proponer un servicio (véase 8).

❷ Aceptar o declinar una proposición (véase 8).

Sí, gracias; con mucho gusto.

No hacía falta que se molestara; no es nada.

¿No va a ser mucha molestia para vd.?

Se lo agradezco de verdad.

Es vd. muy amable.

No se moleste.

Se lo agradezco, pero no es necesario.

No, no se moleste; no merece la pena.

No, gracias; va a ser mucha molestia para vd.

29. PROMETER

La gama de la "promesa" puede abarcar los grados siguientes (algunas expresiones pueden figurar en más de un apartado):

❶ En general.

Le prometo que vendré.

Le garantizo que quedará perfecto.

Le aseguro que es correcto.

He decidido hacerlo y lo haré.

Lo haré, —
palabra de honor.◊
tiene mi palabra.◊
le doy mi palabra.◊
palabra de caballero.◊
palabra.◊
puede estar seguro.◊

Eso lo tiene para el 30 de noviembre, —
prometido.
sin duda.
sin falta.
cuente conmigo.
no se preocupe.
sin problemas.

Me comprometo a hacerlo.

Se hará así, cuente conmigo.

Eso está hecho.*

Que va a venir; más cierto que estoy aquí.*

Que lo hago, por mi madre.*

44

ⓑ Promesa menos firme.

Lo voy a intentar. | Procuraré hacerlo. | Voy a ver si puedo hacerlo.

Haré — todo lo posible.
lo que esté en mi mano.

ⓒ Tranquilizar a alguien.

Eso no pasará, — tranquilícese.
esté seguro.
no tema.
confíe en mí.
yo me ocupo.
corre por/de mi cuenta.

Eso no es nada.

No tiene importancia.

No dude de que eso resultará.

ⓓ Propósito de no volver a hacer algo que se ha hecho mal.

No volverá a ocurrir; de verdad, esté vd. seguro. | Prometo no hacerlo más.

No volverá a suceder; palabra (de honor).

30. PEDIR

ⓐ En general.

Te ruego que — cierres la puerta.
vengas.
no vengas.

Te exijo que lo hagas.

Cierra la puerta, por favor.

No te olvides de cerrar la puerta. | ¡Eh! ¡La puerta!* | Cerrarás la puerta ¿No?

¿Y si cierras / cerramos la puerta? | Me gustaría que cerraras la puerta.

¡Oye! Que la puerta no se cierra sola.*

ⓑ Que alguien haga algo en diferentes circunstancias.

¿Podría
¿Haría el favor de
¿Tendría la amabilidad de ◊
¿Sería tan amable de

— pasarme el pan?
acercarme el pan? (en la mesa)

— guardarme el puesto?

Por favor, señor, necesito salir un momento.

Me molesta pedírtelo, pero lo necesito urgentemente en este momento.

¿Me puedes— prestar 60 euros?
acercar a la estación? (a un amigo)
...

Por favor, (perdone) señor, me encuentro en una situación comprometida.
¿Podría llamar una ambulancia? Mi mujer se ha desmayado.
(a cualquiera en caso de necesidad)

❸ Peticiones más concretas.

Pedir perdón (véase 21).

Pedir permiso (véase 23).

Pedir que se vaya (véase 25).

Pedir la aprobación (véase 19).

Pedir que transmita (véase 22).

Pedir ayuda (véase 20).

Pedir que se calle (o que hable más bajo).

Más bajo, por favor.   No hablen tan fuerte, por favor.   Silencio, por favor.

Por favor, señoritas ¿podrían callarse, que el niño se va a dormir?

No hable tan fuerte, que no soy sordo.*   Cállense, que esto parece un manicomio.

Cállese, que no le han dado la palabra.*   Nadie le ha preguntado nada.

Métase en — sus asuntos.*   Esto no es de su incumbencia.◊
lo que le importa.*

A nadie le interesa su opinión.   Pero ¿quiere callarse?

Pedir que repita (cuando algo no se ha entendido bien).

¿Cómo dice?   ¿Quiere repetir, por favor?   ¿Ha dicho algo?

He oído mal ¿Podría repetir?   ¿Eh?*   ¿Qué?*

Pedir que precise.

¡Puede precisar / concretar más?   No está claro.   No queda claro.

¿A qué hora?   ¿Mañana?   ¿Dónde?

Pedir que diga las razones.

¿Por qué?   Y eso ¿Por qué?   ¿Qué le hace pensar (decir) eso?

¿Cree vd. que eso merece la pena?

Pedir que diga las consecuencias, que siga la explicación.

¿Y? ...   ¿Y entonces?   ¿Para qué?   ¿Adónde quiere llegar?

Te veo venir.   ¿Dices eso para ...?

31. SUPLICAR

Te ruego / Te suplico — que (no) vayas.   No me abandones — te lo ruego. / te lo suplico.

Por favor, no me hagas esto a mí.   Tenga compasión de mí; mire cómo estoy.

Se lo ruego: déjeme hacerlo más tarde.

Antes de decidirte, te suplico que lo medites bien.

¿Qué debo hacer? ¿Debo ponerme de rodillas? ¿Debo suplicártelo?

Apiádate de mí; mira en qué estado me hallo.

Compadécete de este pobre infeliz; mira cómo está.

Tenga la bondad (amabilidad) de atenderme; tengo mucha prisa.◊

Disculpe.◊   (al atender al teléfono o tener que salir teniendo una visita)

El que suscribe ... EXPONE ... SUPLICA ... ◊   (en las instancias oficiales)

Recurro a su generosidad.◊   Me pongo en sus manos.◊

Todo depende de vd.; sólo vd. puede ayudarme.◊

Por lo que más quieras, ten un poco de paciencia.*

Papá, porfa, llévame al circo.*　Si quieres me pongo de rodillas.

¿Quieres que te lo suplique?*

32. ORDENAR - PROHIBIR - PERMITIR

a En general.

Le ordeno que se reincorpore a su trabajo.　Es preciso que vd. haga ...

Abra la puerta —
se lo ordeno.
es una orden.
de inmediato.
por favor.
ahora mismo.

Vd. —
debe...
tiene que...
está obligado a...

Hay que hacerlo como está mandado.

Exijo que se me den algunas explicaciones.

Permitidme: aún tengo algo que decir.　(orden atenuada)

Que se vayan.　(orden para transmitir a terceros)

Hagámoslo alegremente.　(exhortación)

Para la PROHIBICIÓN sirven las negativas de las expresiones anteriores o algunas como las siguientes:

Le prohibo que salga.　Vd. no debe salir.　No tiene vd. permiso para salir.

No tiene que
No debe
No necesita
— hablar tan fuerte.

No hace falta — que hable tan fuerte.

En avisos al público:

Prohibido —
apearse en marcha.
asomarse al exterior.
fumar.

Llamen antes de entrar.

No está permitido arrojar basuras.

Prohibida la entrada a toda persona ajena a la obra.　Se ruega no molestar.

48

Hablando a los niños:

No se señala con el dedo.   No hay que hablar con la boca llena.

No se cogen las patatas fritas con los dedos.

ⓑ Expresar la posibilidad, la necesidad, la obligación de hacer algo.

Posibilidad.

Es posible aumentar los impuestos.   Es posible el aumento de los impuestos.

Es posible que te toque a ti.   Está permitido ir a 60 km. por hora.

La preparación permite observar un cuerpo por transparencia.

El avión es capaz de desarrollar una velocidad superior a la del sonido.

La casa ha estado a punto de saltar por los aires.

Basta comparar los precios para decidirse.   Basta con que vengas a las diez.

A estas horas ya deben de estar muy lejos de aquí.

Necesidad, obligación (expresando distintos matices relativos a la persona, etc.)

Estoy obligado a tomar un taxi para ir a la estación.   (obligación personal)

Debo besarle la mano.   (obligación personal)

Hay que venir.   (obligación sin indicación de persona)

Tienes que venir.   (obligación con indicación de persona)

Es preciso arriesgarse.   (obligación sin indicación de persona)

Es preciso que te arriesgues.   (obligación con indicación de persona)

Va a ser necesario que tomes medidas.   (obligación futura)

¿Reparaciones? Tengo muchas que hacer.   No tienes más que decírmelo.

Tengo que dictar algunas cartas.   Necesitamos leer.   A vd. le toca jugar.

Tengo interés en descubrirlo.   Hace falta ser más eficaz.

Es necesario que estudies más.   Me corresponde a mí decírselo.

Para hacer el servicio militar es obligatorio tener 18 años como mínimo.

En esta carrera hay materias obligatorias y optativas.

Esto es de la incumbencia del ayuntamiento.

⑥ Dar indicaciones, instrucciones (según las distintas circunstancias).

Siga por esta calle y al llegar a la esquina gire a la izquierda. (calle)

Antes de entrar, dejen salir. (metro)

No introduzcan el pie entre el coche y el andén. (metro)

Introduzca la tarjeta, marque su número secreto y la cantidad que desea. (bancos)

Si quiere llegar pronto, use el transporte público.

Con Iberia ya hubiera / habría llegado.   (publicidad de carretera)

Irás a la oficina y dirás a papá que traiga sobres para escribir.

Póngase a fuego lento durante 10 minutos. (recetas de cocina)

¿Quiere pasar? El Doctor le espera.   ¿Tendría la amabilidad de pasar? Ya es su turno.

A veces las indicaciones se reducen a varias palabras.

¡Silencio! por favor.   ¡Deprisa!   ¡No tan fuerte!   ¡Adelante!

⑥ Permitir.

Al preguntar *¿Puedo? ¿Se puede?* se responde generalmente con las negativas de obligación y prohibición.

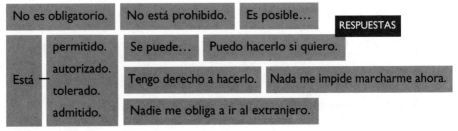

No es obligatorio.	No está prohibido.	Es posible…	
			RESPUESTAS
	permitido.	Se puede… Puedo hacerlo si quiero.	
Está —	autorizado.	Tengo derecho a hacerlo. Nada me impide marcharme ahora.	
	tolerado.		
	admitido.	Nadie me obliga a ir al extranjero.	

50

e **Preguntar sobre la necesidad, obligación, etc.**

¿Debo ir?   ¿Es necesario que vaya?   ¿Tengo obligación de ir?   ¿Hay que ir?

¿Es mi turno?   ¿Es preciso salir?   ¿Hay algo que lo prohiba?

33. ACONSEJAR - RECOMENDAR - SUGERIR

Dada la similitud de los conceptos, muchas expresiones son válidas para las tres.

a **Aconsejar - Desaconsejar.**

Te aconsejo que se lo digas.   ¡Háblale!   Si puedo darte un consejo, yo te diría...

No me corresponde a mí darte un consejo pero — ¿podrías hablarle? / sería mejor que le hablases. / harías mejor hablándole.

Si quieres un consejo, hazlo pronto.   Yo que tú, lo haría.

Si estuviera en tu lugar (yo, en tu lugar), no lo haría.   Si yo fuera tú, no lo haría.

Tendrías que hacerlo de inmediato.   Deberías pensártelo bien antes de renunciar.

¿Y por qué no hacerlo?   Harías bien en callarte.   Sería mejor no hacerlo.

Sería una tontería desperdiciar la ocasión.

No merece la pena que te tomes tanta molestia.

No creo que sean ni el momento ni la forma convenientes.

No tienes que hacerlo hoy, espera un momento más propicio.

Si abres la carta — me enfadaré. / se lo diré a ... / no respondo de lo que ocurra.

No intentes hacerlo, si no, atente a las consecuencias.

Te lo digo sinceramente, si lo haces te arrepentirás.

¡Vamos! ¿Quieres que te dé un par de bofetones?

Te lo desaconsejo; yo no lo haría.   Sobre todo, que no se te ocurra decírselo.

Yo no te aconsejo que se lo digas.　　No te interesa mezclarte en ese asunto.

No te recomiendo que lo hagas.　　Si lo haces, no me gustaría estar en tu lugar.

A veces el consejo se reduce a una palabra.

¡Ojo!　　¡Cuidado!　　¡Atención!　　¡No lo hagas!

ⓑ Recomendar algo a alguien.

Te recomiendo que lo hagas.　　Hazlo, que te conviene.

Sobre todo, no dudes en hacerlo.　　Para ti es vital el hacerlo.

Te equivocarías si no lo hicieras.

Dada nuestra amistad, te pido que hagas lo que puedas por nuestro recomendado.

Te agradecería que, en lo que esté de tu parte, eches una mano a…

No te recomiendo que tomes demasiado el sol, es malo para la salud.

En estas circunstancias no es recomendable hablar de ese tema.

Por tu bien no te conviene hacer excesos.

ⓒ Sugerir.

Te sugiero que vengas lo antes posible.

Se me ocurre que estaría bien que lo hicieras.

¿Y si vinieras cuanto antes? Sería mucho mejor.

¿Puedo sugerirte que le regales algo práctico?

Tengo una idea ¿por qué no lo llamas?

¿Has pensado en regalarle algo útil?　　¿Por qué no le regalas algo que le sirva?

Podrías sorprenderme con algo interesante.

Si lo compras ahora, te va a salir mucho más caro.

34. HACER ALGO

Este apartado está en estrecha relación con los ya vistos "PROPONER, SUGERIR, ORDENAR y ACONSEJAR."

ⓐ Uno mismo o para uno mismo.

Te propongo acompañarte.   Podría ir contigo.   ¿Qué dirías si te ayudo?

He decidido acompañarte.   Ya sé lo que voy a hacer: comprarlo.

Si te sirve de algo te acompaño.   No sé qué hacer. ¿Qué podría hacer?

¿Qué harías en mi lugar?   ¿Tú crees que debería irme?

ⓑ Hacer algo juntos.

¿Y si vamos al cine?   ¿Te parece bien que salgamos de paseo?   ¿Bailamos?

¿Qué te parece
— si salimos de paseo?   ¿Nos vamos?   ¿Qué podríamos hacer?
¿Qué dirías   Mañana nos telefonearemos.

¡Venga! Vámonos a tomar una copa.

ⓒ Que otro haga algo.

¿Has pensado en buscar trabajo?   Te conviene estar ocupado.

Cierra la ventana, por favor.   Te pediría que me hicieras un favor.

¿Puedo pedirte — un favor?
que me ayudes?   Sé que no me vas a negar lo que te pido.

No sé qué podrías hacer.   ¿Sabes qué vas a hacer?   ¿Has encargado lo que te dije?

ⓓ Que le hagan algo a otro.

Tienes que cortarte el pelo.   Dile que le ayude, que se lo merece.

Dile a tu amigo que yo también estoy interesado en el negocio.

Consigue que lo contraten.   Me gustaría que le echaran una mano.

53

35. ANIMAR

ⓐ En general: a hacer algo que pueda interesarle.

¡Venga! Decídete; hazlo. El no ya lo tienes.   Tómate el tiempo que necesites.

Le animo de verdad; es un proyecto magnífico.   No tienes nada mejor que hacer.

No tienes nada que perder.

ⓑ Cuando se está indeciso.

¡Venga! Hay que arriesgarse.   El que algo quiere algo le cuesta.

El que no se aventura no pasa la mar.   No hay que tener miedo. No lo dudes.

Todo saldrá a pedir de boca.   ¡Pero si es evidente!

Yo en tu lugar — lo haría de mil amores.   ¿Difícil eso? Tú puedes con
no lo dudaría ni un instante.   mucho más.

ⓒ Cuando se está haciendo algo difícil.

Tú tranquilo; no es tan fiero el león como lo pintan.   Échale coraje.

No te inquietes, que estamos contigo.   Échale lo que hay que echarle.*

¡Ánimo!   ¡Venga!   ¡Continúa!   ¡Un esfuerzo más! ¡Ya está casi! ¡Eso es!

¡Por fin! ¡Muy bien!

ⓓ En las adversidades (véase 16).

¡Hombre! No es para tanto.   No te preocupes que todo tiene remedio.

Esto pasará enseguida.   Es (sólo) una mala racha.   Esto te servirá de experiencia.

Tómatelo con filosofía, que da mejor resultado.

La próxima te saldrá a la perfección.   Después de la tempestad viene la calma.

No hay mal que cien años dure.

36. **RECORDAR / OLVIDAR**

ⓐ Uno mismo.

Lo recuerdo como si lo viera.   Me acuerdo perfectamente de todo: eran cinco…

Sé bien lo que me dijiste.   Si no recuerdo mal, tú estabas con ellos.

Me viene a la memoria el dicho de un autor que dice …

Se me figura que estás desmemoriado; eso fue el año pasado.

Tienes una memoria muy frágil; eso no fue así.

Si la memoria no me falla, hace 10 días que nos vimos.

No te preocupes; no he olvidado lo tuyo.

Lo tuyo lo tengo muy presente; lo haré en cuanto tenga un minuto libre.

No me acuerdo ni del día en que estamos.   Lo he olvidado completamente.

Lo he borrado de mi memoria.   ¿He citado a todos? ¿No he olvidado a ninguno?

Si lo veo, no lo conozco; he olvidado hasta su fisonomía.

ⓑ A otra persona.

¡Oye! —Te recuerdo / Nose te olvide— que me debes 30 euros.   ¿Te acuerdas cuándo te los presté?

No olvides que hace ya más de un año.   ¿No te he prestado yo dinero?

¿No te acuerdas?   ¿Lo recuerdas?   ¿No lo has olvidado?   Haz memoria.

Te lo presté hace un año ¿No?   Olvídalo ya.

No te habrás olvidado de que la cena es para hoy ¡Supongo!

¿Puedo recordarte que hoy te toca a ti?

Te refrescaré la memoria: mañana es mi cumpleaños.

Si la memoria no me falla, me dijiste que …

No me vengas con esas, que lo recuerdas (sabes) muy bien.

¿Ya no te acuerdas de mi? Soy tu antiguo compañero de instituto.

Me parece que se llamaba Lola.   ¡Oye! ¿No te olvidas de algo?

No pases por alto lo que acabas de decirme.

¿Se ha olvidado vd. de los certificados que le pedí?

¡Camarero! ¿Y los cafés que le he pedido?

Recuérdame que tengo que decirte una cosa.

37. PREVENIR

La acción de prevenir lleva implícita la idea de peligro, sanción, castigo (premio = promesa); algunas veces se sobreentiende la prevención; otras, las consecuencias.

ⓐ En general.

Yo os prevengo Os advierto Os indico Os señalo Os hago saber Pongo en vuestro conocimiento	que si no estudiáis, suspenderéis. que el que va solo corre peligro.

Quedan todos advertidos; no digan que no les he prevenido.

Cuidado con los errores, que se pagan caros.

Os pongo en guardia contra los falsos amigos: son unos egoístas.

Ten en cuenta que cuatro ojos ven más que dos: no vayas solo.

No puedes decir que	no te había prevenido. no te lo había advertido. no te lo había dicho. no lo había puesto en tu conocimiento.

Si apruebas, tendrás unas buenas vacaciones.

Te lo repito por enésima vez: ten mucho cuidado en la carretera.

ⓑ En los comunicados oficiales. ◊

Se hace saber que los infractores ...

Se pone en conocimiento de los señores pasajeros que ...

Todos aquellos que incumplan este artículo deberán satisfacer ...

La amenaza que pesa sobre los que no cumplan ... será una realidad.

El castigo por el fraude será el quíntuplo de lo defraudado.

El retraso en el pago de la cuota hará decaer en sus derechos a los socios.

ⓒ En el lenguaje familiar (generalmente está implícita la prohibición y, en cambio, explícitos el castigo o la amenaza).

Si vas a 150, verás la multa que te cae.   Si no lo haces verás lo que pasa.

Si no haces lo que está mandado, vas a saber lo que es bueno.

A propósito, ten en cuenta que si no eres puntual, puedes despedirte del empleo.

Inténtalo y verás.   Dame la carta, si no, no te hablo.

No intentes provocarme, de lo contrario te acordarás.

Si tienes molestias, peor para ti, ya te advertí que no lo hicieras.

ⓓ Ante un peligro inminente (la advertencia suele reducirse a una palabra).

¡Ojo!   ¡Cuidado!   ¡Mira!   ¡El coche!   ¡La escalera!   ¡Atención!

38. REPETIR

ⓐ En general.

Te repito que ya no hay más.   Te lo he repetido mil veces.

Todavía una vez más te diré que eso está mal.

Pero ¿cuántas veces hay que decírtelo?

No me canso de repetirlo, pero parecéis sordos.*

Estoy harto de repetir siempre lo mismo.

ⓑ Indicar que otro repita.

Cuando no se entiende o no se oye lo que se dice:

Vd. perdone ¿puede repetir lo que ha dicho? No lo he oído bien.   ¿Qué?

¿Podría decirlo más despacio? No logro seguirlo.   ¿Qué ha dicho?   ¿Cómo?

¿Cómo dice? — No he oído bien.
No he entendido bien.

¿Podría decirlo más alto? Desde aquí no se oye.

¿Se atrevería a repetir lo que ha dicho delante del interesado?

Cuando se quiere asegurar de lo que ha dicho:

¿Ha dicho París?   Han sido 100 ¿No?   A la derecha ha dicho vd. ¿No?

¿Es exactamente al doblar la esquina?

Informar e informarse

Informar e informarse 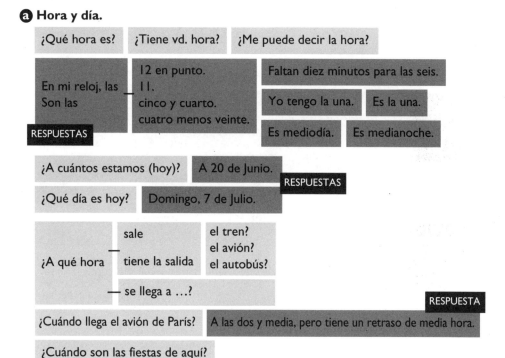 **3** **i**

39. SOBRE LAS COSAS MÁS PRÁCTICAS

ⓐ Hora y día.

| ¿Qué hora es? | ¿Tiene vd. hora? | ¿Me puede decir la hora? |

| En mi reloj, las
Son las | — | 12 en punto.
11.
cinco y cuarto.
cuatro menos veinte. | Faltan diez minutos para las seis. |

Yo tengo la una. | Es la una.

Es mediodía. | Es medianoche.

RESPUESTAS

| ¿A cuántos estamos (hoy)? | A 20 de Junio. |

RESPUESTAS

| ¿Qué día es hoy? | Domingo, 7 de Julio. |

| ¿A qué hora | — | sale
tiene la salida | el tren?
el avión?
el autobús? |
| | — | se llega a ...? | |

RESPUESTA

| ¿Cuándo llega el avión de París? | A las dos y media, pero tiene un retraso de media hora. |

¿Cuándo son las fiestas de aquí?

ⓑ Sobre la climatología.

¿Qué tiempo hace en España?

RESPUESTAS

Depende de las regiones y las estaciones.

En general hace buen tiempo en primavera y en otoño; frío en invierno y (mucho) calor en verano.

En las regiones del norte el verano es muy agradable.

En el sur y en el Mediterráneo se disfruta en la playa.

RESPUESTAS

En el centro el tiempo más agradable lo tenemos durante la primavera y el otoño, aunque a veces llueve mucho.

En Canarias se está muy bien durante todo el año ...

RESPUESTAS

¿A qué temperatura estamos (hoy)?

¿A cuánto estamos hoy?

¿A cuántos grados estamos?

El termómetro — marca / señala / indica / se aproxima a los — 35°

A más de 30° | A 3° bajo cero.

¿Qué tiempo hará (tendremos) la semana que viene (próxima)?

Para saberlo con precisión puede hacer una de estas cosas:
Preguntar por teléfono al servicio meteorológico, leer el pronóstico del tiempo en los periódicos o ver el programa del tiempo en televisión.

Dada la estación / la época en que estamos, no creo que varíe mucho con respecto a la semana anterior.

RESPUESTAS

❸ Sobre direcciones y comunicaciones.

¿Dónde puedo llamar por teléfono? ¿Dónde hay una parada de taxis / autobuses?

¿Qué autobús debo tomar para ir a ...? ¿Me puede avisar cuando lleguemos a ...?

(al conductor del autobús)

¿Hay cerca de aquí — una estafeta? / alguna cabina telefónica? / un buzón?

¿Está lejos (de aquí) la plaza (calle, barrio, monumento, estación, etc.) ...?

¿Cómo puedo ir a la catedral?

RESPUESTAS

Siga por esta calle hasta el segundo cruce; gire a la derecha / a la izquierda; continúe hasta llegar a una plaza con árboles y desde allí la verá (vuelva a preguntar).

Perdone, lo siento, yo tampoco soy de aquí y no conozco la ciudad.

d Sobre la ciudad, el país.

¿Qué es lo más típico (característico) de la ciudad?   ¿Qué monumentos tiene?

¿Cuál es el monumento (o el edificio) más famoso (conocido)?

¿De qué época es   este monumento?
¿A quién está dedicado / a
¿Quién es el autor de   esta iglesia?
¿De qué estilo es
¿Cuándo se hizo (construyó)   este edificio?
¿De cuándo data
                                     esta escultura?

¿Cuántos habitantes tiene la ciudad (el país)?

¿Qué otras ciudades merecen la pena?

¿Hay algo bonito cerca (en los alrededores) de la ciudad?

¿Dónde está tal... ciudad?   ¿Está lejos de aquí?   ¿Cuáles son las mejores playas?

¿Dónde se puede uno divertir (de noche)?   ¿Qué espectáculo me recomienda?

e Sobre los precios.

¿Cuánto   vale ...?   este abrigo?
¿Qué   cuesta ...?   la entrada (del cine, del teatro...) ?
                                                el alquiler de un coche?
¿Cuánto   la caja de bombones?
¿Qué   le debo?   ¿Por cuánto sale — el menú del día?
                                                un bocadillo de jamón?
¿Se puede (puedo)   esta postal?
pagar con tarjeta?   esta guía?
                                                ...

f Sobre la vivienda, el alojamiento.

¿Dónde me puedo hospedar / alojar?   ¿Hay un hotel / hostal cerca de aquí?

¿Está céntrico?

He reservado una habitación — doble — con baño — para dos días.
                               sencilla   con ducha   para una semana.
                                                      para un mes.
                                                      ...

¿Tiene
¿Le queda — alguna habitación?

¿Está (va) incluido el desayuno en el precio? ¿Se puede desayunar en la habitación?

¿Cuántas habitaciones (camas) tiene el apartamento?

¿Está (muy) apartado (lejos) de la playa? ¿Está lejos del centro?

g Sobre las comidas, restaurantes, etc.

¿Hay cerca algún restaurante que sirva comidas regionales?

¿Cuál es el plato típico de la casa (de la región)? ¿Qué me recomienda vd. para hoy?

¿Tienen vds. menú turístico? ¿Cuál es el menú del día? ¿Qué vino recomienda vd.?

40. SOBRE PERSONAS - COSAS - ACONTECIMIENTOS

a Personas.

¿Quién es ... — el (señor) que está sentado enfrente ?
el (señor) de enfrente?

¿Cómo es el señor con el que tengo la entrevista mañana? ¿Qué carácter tiene?

¿Dónde vive la señorita con la que estuvimos ayer? ¿Qué hace Pedro?

¿En qué trabaja? ¿A qué se dedica?

¿De dónde es el que nos alquiló el apartamento? ¿Qué edad tiene su socio?

Cuando se designa a una persona indeterminada se emplea la expresión "fulano" y si son varias, las siguientes, en este orden: "fulano, mengano, zutano, perengano". Por ejemplo: (al contar una anécdota) *Allí estaban fulano...*
Cuando se describe a una persona puede decirse de ella que es un "tipo" interesante; (puede emplearse también como despectivo: *¡Vaya tipo! ¡Vaya tipejo!*).

b Cosas.

¿Qué es eso que has comprado?

(Si no se sabe el nombre de la cosa, en vez de "eso", en lenguaje familiar se suele emplear: "chisme, cacharro, cosa, chuchería"): ¿Y ese chisme para qué sirve?

¿Qué utilidad tiene?   ¿Dónde podría encontrar unos zapatos como esos?

❸ Acontecimientos.

¿Cuándo ocurrió eso?   ¿Cómo fue?   ¿Cómo ha sido?

¿En dónde ha tenido lugar?   ¿Qué pasó / ha pasado?

¿Qué repercusión (consecuencias) puede tener para nosotros?

¿Quién es el —culpable? protagonista? responsable?   Eso ya se veía venir ¿Qué antecedentes hay?

¿Y qué solución puede tener?

41. DECIR LO QUE SE PUEDE O NO SE PUEDE HACER

Se exponen en este apartado las expresiones que pueden ayudar a decir lo que se puede hacer matizando la capacidad, dificultad, etc. con que se pueden hacer.

❶ Capacidad.

El puede hacerlo muy bien.

Lo haría a la perfección.

Es muy competente.

Es muy capaz.

Es una autoridad en la materia.

Está muy impuesto en ello.

Sabe arreglárselas.*   Tiene mano.

Tiene recursos para todo.

Yo lo sé / puedo hacer.

Está a su alcance.

Está dentro de mis posibilidades.

Está en ello como pez en el agua.

Incapacidad (Las negativas de la "capacidad").

Está por encima de sus posibilidades.

Es un incompetente.

No sirve para eso / nada.

No sabe de qué va.

Se ahoga en un vaso de agua.

Le viene grande.*

Es demasiado para él.

No sabe desenvolverse.

b Posibilidad (facilidad).

Es posible hacerlo.

Siempre hay algún modo de hacerlo.

Es muy factible / fácil.

Se puede hacer.

Esto lo hace hasta un niño.

No ofrece dificultad alguna.

No tiene complicación.

Está chupado.*

Se hace con la gorra.*

Se hace a ciegas.

Eso no es nada. Dicho y hecho.

Es un manitas.* Es muy mañoso (un artista).

Imposibilidad (dificultad). Negativas de posibilidad

Es (prácticamente) imposible.

No hay forma de hacerlo.

No hay quien lo haga.

Es como la cuadratura del círculo.

Es pedir peras al olmo.

Es pedir la luna.

Es pedir un milagro (un imposible).

Del dicho al hecho (va mucho trecho).

Es un zafio.

Es un manazas.*

c Permisividad.

Está permitido.

Está autorizado.

Está tolerado.

Está admitido.

Es posible.

Tengo derecho.

La autoridad acepta que se haga.

No permisividad.

(Véase prohibición - obligación)

42. DECIR LO QUE SE SABE O NO SE SABE HACER

Las expresiones que siguen vienen a ser como adjetivos que se pueden añadir a lo que se sabe (o no) hacer indicando el matiz correspondiente de conocimiento, facilidad, experiencia (o de sus contrarios).
*Por ejemplo: Juan toca el piano + las expresiones de **a**,**b**,**c**, etc.*

a Conocimiento.

No tiene secretos para él.

Lo sabe hacer muy bien.

Tiene aptitudes. Es su fuerte.

Es un virtuoso. Es muy aficionado.

Está (muy) dotado para ello.

Posee / Tiene un talento especial.

Es un águila / un lince.

Se le da muy bien.

No tiene secretos para él.

Desconocimiento - ignorancia.

(Con las expresiones negativas de "conocimiento" y con las ideas contrarias). Por ejemplo:

No tiene ni idea.

No conoce el ABC de la materia.

Esto es chino para él / le suena a chino.*

b Facilidad.

Para él es facilísimo.

Lo hace como el que no quiere la cosa.

Es como un juego de niños.

Es muy hábil. Es coser y cantar.*

Se le da como — churros.*
hongos.*

Está — tirado.*
chupado.*

Dificultad.

(Con las expresiones negativas de "facilidad" y con las ideas contrarias). Por ejemplo:

Le supone un esfuerzo enorme.

Pare él es imposible.

etc.

67

c **Experiencia.**

Tiene mucha — práctica.
costumbre.
experiencia.

Es persona experimentada.

Está acostumbrado. Se dedica a ello.

Es su ocupación habitual.

Lo practica con frecuencia.

Es su profesión. Practica tres horas al día.

Inexperiencia.

(Con las expresiones negativas de "experiencia" y con las ideas contrarias). Por ejemplo:

No sabe de qué va.

Es la primera vez que lo hace.

No lo ha visto ni por el forro.*

43. DECIR LO QUE SE QUIERE O NO SE QUIERE HACER

Las expresiones que constituyen este acto de comunicación sirven para indicar lo que uno quiere hacer (o su contrario) señalando las razones por las que quiere hacerlo: estima, apetencia, porvenir, salidas, etc.
Ejemplo: Las expresiones de **a** *"quiero estudiar una carrera"*
   + las expresiones de **b** *" porque es sumamente interesante"*
   + las expresiones de **c** *" y tiene un futuro inmejorable"*
etc. siempre que tengan un sentido razonable.
Ocurre lo mismo con las expresiones de los contrarios.

a **Por la voluntad, intención.**

Quiero estudiar una carrera.

Tengo intención de visitar Roma.

Mi propósito es llegar a ser algo / alguien.

Me gustaría tener un trabajo.

Tengo que lograr que me lo den.

Sería mi ideal obtenerlo.

Sería el sueño de mi vida.

Me chifla (estoy loco por) escribir.*

Aversión, disgusto.

(Con las negativas de **a**)

ⓑ Por la estima, aprecio, apetencia.   **Odio, desprecio.**

Es sumamente interesante.   (Con las negativas de **ⓑ**)

Está muy bien visto.

Todos lo aprecian.

Todos lo pretenden.

Adoro hacer eso.

Creo que valgo para ello.

ⓒ Por los objetivos, futuro, salidas.   **Inutilidad.**

Tiene un futuro inmejorable.   (Con las negativas de **ⓒ**)

Económicamente está muy bien.

Tiene unas salidas estupendas.

Sería la solución de mi vida.

44. DECIR LO QUE UNO ENTIENDE O NO ENTIENDE

ⓐ En general: expresar la comprensión o la incomprensión.

Sí, sí, lo entiendo; está muy claro.   Ahora sí, ahora lo veo.   ¡Ah! Eso, eso.

¡Ya está!   ¡Vaya, por fin lo entiendo!   ¡Ya caigo! Eso está más claro.*

Hay algo que se me escapa, que no logro entender.*

No doy con ello; o soy muy torpe, o es muy difícil.*

ⓑ Pedir que le aclaren a uno lo que no entiende (véase 30).

Vd. perdone, pero no logro entender lo que me quiere decir.

¿Podría repetir el nombre?   ¿Podría deletrearlo?   ¿Cómo dice vd.?

Perdón. No entiendo muy bien el español. ¿Podría repetirlo despacio?

● Insistir sobre algo hasta comprender

Perdone que insista, pero no logro entenderlo.

¿Dice vd. que hay que hacer esto, esto y esto?   ¿He oído bien? ¿Ha dicho vd ...?

¿He entendido bien? Esto es así, así y así.   O sea que hay que ir por ...

Perdone mi insistencia, pero para mí es muy importante.

Resumiendo, lo que vd. quiere decir es ...

NOTA: Conviene distinguir entre: oir, escuchar, entender, comprender.

Oigo el canto de los pájaros.   Escucho detrás de la puerta, pero no oigo nada.

Lo he entendido muy bien; me has llamado animal.

Esto lo entiendo perfectamente (= comprender).   Esto se comprende fácilmente.

45. DAR SU OPINIÓN - PEDIR LA DE OTRO (véase sección cuarta)

● Dar la opinión.

Opino que debemos hacerlo de otra manera.   Soy de la opinión de que esto ...

Creo que es exactamente lo contrario.   Estoy seguro de que no es así.

Pienso que todo se va a arreglar.   Supongo que esto lo paga el seguro.

Yo, por lo menos, lo veo de esta forma.   Según mi entender esto se podría hacer ...

A mí me parece que es una solemne tontería..

Según he podido colegir, todos debemos ...◊

No se me oculta que las dificultades son grandes.

Esto es así, por lo menos para mí.

Tengo para mí que los que gritan no tienen razón.

Esto me merece una opinión desfavorable.

Lo encuentro un tanto raro.

b **Pedir la opinión** (véase 30).

¿Qué opina sobre el tema?   ¿Qué te parece a ti?   Y tú ¿cómo lo ves?

¿Qué piensas sobre el sida?   ¿Cuál es tu parecer en la cuestión del aborto?

Sobre esto ¿qué dirías?   Me gustaría saber qué dices al respecto.

¿Qué opinión te merece el esfuerzo que realiza?   Según tú ¿cuáles son las causas?

¿Cómo encuentras esto?   En tu opinión ¿qué es lo esencial del asunto?

46. ACTOS DERIVADOS DE LA INFORMACIÓN

Una de las posibles consecuencias de informar e informarse es reunir los conocimientos suficientes para actuar. Entre las actuaciones posibles destacamos la de poder presentar una queja, hacer una protesta, exigir que se respeten sus derechos, en suma, hacer una reclamación o, por el contrario, agradecer algo, estar de acuerdo con alguien, etc.

a **Agradecer** (véase 8).

b **Estar de acuerdo** (véase sec. cuarta).

c **Reclamar, exigir sus derechos, protestar.**

Cuando se ha comprado algo y está mal:

Vengo a devolverlo porque acabo de comprarlo y no funciona.

Este aparato no es nuevo porque viene desprecintado.

o le han cobrado de más:

Al pagar esta compra le aboné 145 euros y sólo eran 132.

Cuando se incumple un contrato:

En el contrato se me dice que tengo derecho a esto y esto y vds. no me lo han proporcionado.

En un hotel, restaurante, etc.:

He pedido un servicio de tal calidad y vds. me han dado uno inferior y me han cobrado el superior.

Para manifestar su indignación puede emplear expresiones como éstas:

A esto no hay derecho. Son vds. unos informales.

Esto es — increíble.
inadmisible.
un escándalo.

Pero ¿por quién me ha tomado?

Hasta aquí / ahí podíamos llegar.

Esto no hay quien lo aguante / soporte.

(véase sec. quinta).

d) Acusar, defenderse de una acusación.

De pasar a un espectáculo sin entrada:

No, señor, aquí tiene la entrada; me la ha picado su compañero de la otra puerta.

De ir sin billete en el tren:

Lo tengo pero no lo encuentro; espere un momento que lo busque en mi cartera; aquí está.

De haber robado algo:

Yo no soy un ladrón; hace un momento he visto salir corriendo a un joven que llevaba un bolso en la mano.

De no pagar una consumición en el bar:

Le digo que le he dejado un billete y estoy esperando las vueltas. Son vds. los que no llevan el control de qué cobran ni a quién.

Expresar la opinión

Expresar la opinión 4

La opinión, como juicio subjetivo, abarca un abanico muy extenso de posibilidades de expresión: esta gama va desde el desconocimiento e ignorancia al conocimiento cierto y a la convicción; de la mera posibilidad a la evaluación de un criterio. La expresión de la opinión tiene conexiones con la del sentimiento, dado que ambas expresiones son subjetivas.

47. EXPRESIÓN DE LA IGNORANCIA, DEL DESCONOCIMIENTO

a En general.

No sé si ... | No lo sé. | Lo ignoro. | Lo desconozco completamente.

No lo recuerdo en absoluto. | Yo me pregunto si ...

No tengo ni idea (ni la menor idea, ni la más mínima idea).

b Con extrañeza ante una noticia (Como respuesta a un hecho presentado como verdadero).

La / Mi primera noticia (que tengo). | ¡No me (lo) digas! | ¿De veras? | ¿De verdad?

¿Es verdad lo que dice? | ¡No es posible! | Pero ¿qué dices? | ¿Es cierto?

No me lo habría imaginado. | No lo hubiera creído. | Me resulta extraño.

Habría creído que no. | Estaba en ayunas.* | Pues no había caído.*

c Como respuesta a preguntas concretas.

No lo sé. | No sé nada. | Nunca me lo había planteado.

No me ha pasado por la cabeza (por la imaginación).

Lo desconozco absolutamente. | Estoy totalmente despistado.*

75

d Como respuestas a una propuesta.

No sé qué decirte / aconsejarte.

No sé lo que es mejor / qué pueda ser mejor.

No sabría decirte / indicarte, orientarte.

Desconozco el tema / el asunto, la cuestión.

No sé qué ─ pensar. / responder.

No sé qué haría en tu lugar.

No sé cómo me desenvolvería.

No sé cómo me las arreglaría / apañaría.*

Me lo tendría que pensar (mucho).*

48. EXPRESIÓN DE LA DUDA

a Como expresión de indecisión.

No sé si ─ tengo ganas de hacerlo. / quiero que me lo digas.

No sé qué pensar de lo que me dices.

Ya veré.   Ya lo pensaré.   Quizás.

Estoy en un mar de dudas.

Necesito tiempo para pensar en ello.

Déjame pensarlo despacio.   Dame tiempo.   Debo pensarlo mejor.

No puedo decidirme así como así.*

Puede que sí, puede que no.*

b Como expresión de temor.

Me temo que no.   Me temo lo peor.   Dudo mucho que se atreva.

49. EXPRESIÓN DE LA HIPÓTESIS

a En general.

Supongo que vendrá.   Digamos que es así.   Pongamos que sea así.

Supongamos / Imaginemos ─ que vienes. / que vengas. / Admitamos (que vendrás).

Sea un ángulo de 30° (en fórmulas).

Tú eres el bueno, yo, el malo.

b Ante un hecho posible.

Si llueve ─ no salimos. / no saldremos.

Suponiendo que / En caso de que ─ llueva no salimos.

Si viene, no te vayas.	Si lloviera, no saldríamos.

c **Ante un hecho irreal, ya pasado.**

Si		no habríamos podido salir.
En caso de que	— hubiera llovido —	
Suponiendo que		no hubiéramos salido.

50. EXPRESIÓN DE LA POSIBILIDAD

a **Ante un hecho meramente posible.**

Es posible que esté enfermo.	Puede que esté enfermo.

Puede suceder que esté enfermo.	Se puede pensar que está enfermo.

Juan está quizás enfermo.	Según el médico ...	Hay rumores de que ...

Se dice que ...	Según parece ... Juan está enfermo.

b **Ante un hecho probable o aparente.**

Juan parece enfermo.	Da la impresión de estar enfermo.

Tiene aspecto de enfermo.	Por lo que se ve está enfermo.

Se diría que está enfermo.	Todo indica que está enfermo.

Está enfermo: al menos ésa es la impresión que da.

c **Ante un hecho improbable.**

Nada hace pensar que está enfermo.	Juan no está enfermo necesariamente.

No parece que ...	Es improbable que ...	Juan no tiene aspecto de enfermo.

Hay pocas probabilidades de que ... esté enfermo.	Es poco probable que ...

d **Ante un hecho imposible** (o considerado como tal).

Es imposible que ...	No hay posibilidad alguna de que ... esté enfermo.

Por supuesto que no está enfermo.

51. EXPRESIÓN DEL CONOCIMIENTO, DE LA CONVICCIÓN, DE LA CERTEZA

a Del conocimiento.

Sé que vendrá.	No ignoro lo que pretende.	Me has convencido.

Estoy persuadido de que ...	En mi opinión ...	Creo que ...	Pienso que...

b De la convicción.

Estoy convencido/seguro/persuadido de que ...	Todo me inclina a creer que ...

No tengo ninguna duda a este respecto / sobre este particular.

Tengo la convicción / la certeza.	¡Claro que sí!	¡Ya lo creo!

¡Pues no faltaba más!	Esto está clarísimo.

c De la necesidad.

Esto es así; — por lo tanto ... / así pues ... / de lo que se sigue ... / de lo que se deduce ...

Esto — requiere ... / necesita ... / exige ... / demuestra ...

De esto — se deduce ... / se sigue ... / se colige ... / se concluye ...

Esto da como resultado ...

Necesariamente tiene que ser así.

No puede por menos de ser así.

Tiene que ser así.	Hace falta estudiar.	Eso ya está en el bote / en el bolsillo.*

d De la certeza.

Que eso es así ... — es cierto. / es evidente. / no se puede negar. / salta a la vista.

(O invirtiendo los términos)

Esto cae por su peso.	Ciertamente.	Por supuesto.	Está clarísimo.

Sin duda (alguna).	Sin ninguna duda.	Es preciso rendirse a la evidencia.

Hay que admitirlo.	Es un hecho admitido por todos.	Todo el mundo lo sabe.

Está en la mente de todos.	No hay la menor duda.

Es preciso confesarlo / admitirlo.	Esto va a misa.*

52. MODO DE VER

ⓐ Expresión de la opinión general.

Opino ...	Creo ...	Pienso ...	Presumo ...	Imagino ...	Supongo ...

Temo ...	Me parece ...	Tengo para mí que ...	Es mi opinión.

A juicio mío ...	Según mi entender ...	Desde mi punto de vista ...

Sé muy bien que ...	No se me escapa que ...	No ignoro que ...

Lo conozco perfectamente.	Estoy al corriente.	Estoy al día.

Estoy de acuerdo con lo que dices.

53. MODO DE JUZGAR, EVALUAR, APRECIAR (véase 54)

ⓐ Sobre la verdad de un hecho.

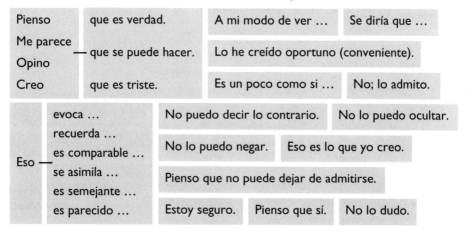

Pienso	que es verdad.	A mi modo de ver ...	Se diría que ...
Me parece			
	— que se puede hacer.	Lo he creído oportuno (conveniente).	
Opino			
Creo	que es triste.	Es un poco como si ...	No; lo admito.

Eso —	evoca ...	No puedo decir lo contrario.	No lo puedo ocultar.
	recuerda ...		
	es comparable ...	No lo puedo negar.	Eso es lo que yo creo.
	se asimila ...	Pienso que no puede dejar de admitirse.	
	es semejante ...		
	es parecido ...	Estoy seguro.	Pienso que sí.	No lo dudo.

ⓑ Admitir un hecho como falso (Con expresiones contrarias a las anteriores).

En este apartado no se puede separar el contexto "pregunta - respuesta" (véase 56)

ⓐ Respuestas afirmativas (Depende de la intensidad de la afirmación; por ejemplo: *¿Le gusta la música a Juan?*).

¡Hombre! Algo.	Un poco.	Probablemente sí.	Seguramente sí.	RESPUESTAS
¡Oh! Sí, sin duda.	Ciertamente; mucho.	Efectivamente; le gusta mucho.		
Naturalmente ¡No faltaba más!	Por fuerza; es un melómano.	Muchísimo.		
Sin duda (alguna).	Como al que más.	Está loco por ella.	Por supuesto.	

ⓑ Respuestas negativas (Depende igualmente de la intensidad; por ejemplo: *¿Fumas?*).

No; casi nada.	Muy poco.	Se puede decir que no.	No, no fumo.	No.
¡Qué va, hombre, qué va!	¡Ni pensarlo!	¡Ni soñarlo!	¿Cómo voy a fumar?	
¿Yo hacer semejante cosa? ¡Quita, hombre, ni hablar!	Ni por asomo.*			
Ni por ensalmo.◊	De ningún modo.	De ninguna manera.	RESPUESTAS	
Por nada del mundo.	Jamás de los jamases.*	Nunca jamás.		
Ni fumo, ni he fumado, ni fumaré jamás.				

ⓒ Estar de acuerdo.

Acuerdo total.

Estoy de acuerdo contigo.	En esto coincidimos.	¡De acuerdo!	¡Vale!
¡Eso es!	Opino como tú.	Somos de la misma opinión.	Creemos lo mismo.
¡Qué casualidad! Parecemos gemelos.	Somos como dos gotas de agua.		
Yo también lo afirmo / digo / creo / pienso / opino.		RESPUESTAS	
Tenemos un mismo parecer.	Eso es lo que yo he dicho.		

Acuerdo parcial.

Coincidimos en parte.	Acepto casi todo lo que dices.	Decimos casi lo mismo.

Sólo diferimos en un punto / una cosa.	Pensamos casi igual.

Nuestras ideas se parecen pero no son iguales.

RESPUESTAS

ⓓ Estar en desacuerdo.

Generalmente con las negativas o contrarias para el desacuerdo total; para el parcial, las mismas y también matizándolas, añadiéndoles un complemento unido por "pero, mas, sin embargo, no obstante ..." por ej.: "Coincidimos en parte pero nuestras diferencias son aún muy grandes".

Desacuerdo total.

No estoy de acuerdo en absoluto.	Eso es falso / es mentira.	De ningún modo.

Somos de pareceres contrarios / opiniones contrarias.

Nuestros puntos de vista no coinciden en lo más mínimo.

RESPUESTAS

Vd. se ríe / burla de mí.	Vd. bromea.*	Sin cachondeos.*

Desacuerdo parcial.

No estoy totalmente de acuerdo.	No estoy de acuerdo del todo.

No siempre.	No exactamente.	No me termina de convencer.

RESPUESTAS

55. EXPRESIÓN DE LA INSISTENCIA

ⓐ Énfasis intensivo sobre el acto de la afirmación.

Digo ...	Declaro ...	Afirmo ...	Mantengo que ...	Lo digo muy alto.

Lo digo sin dudar / sin vacilar.	Lo digo muy alto.	Se lo aseguro.

Se lo garantizo.	Ciertamente.	Verdaderamente.	Le doy mi palabra.

Palabra de honor.	Palabra de caballero.	Sin bromas.*	Fuera de bromas.*

81

ⓑ Énfasis intensivo sobre la proposición afirmada.

Subrayo lo que he dicho.   Insisto sobre el hecho...   Llamo su atención sobre...

Te digo una y otra vez que ...   No hay que olvidar que ...

Se observará que ...   Eso merece la atención.

Estoy ⸺ seguro ...
persuadido ... ⸺ de que ...
convencido ...

No podemos dejar de señalar que ...

Tocamos aquí un punto importante.

No sólo no está mal, sino que está muy bien.

Se pueden proponer del mismo modo series paralelas para la insistencia "negativa". Se puede reforzar la afirmación con adverbios como: por supuesto, evidentemente, seguramente, etc. y la negación con: en absoluto, de ninguna manera, etc.

ⓒ Énfasis intensivo sobre un elemento concreto.

Es Pablo, (no Pedro) el que ha comprado el gato.

Pablo ha comprado un gato (no dos ni tres).   Pablo lo compró (no se lo regalaron).

Es un gato lo que compró Pablo (no un perro).

Por medio de la elección de palabras.

Es pequeño: es minúsculo, es enano.   Es amable: es adorable.

Es arriesgado : es de locos.

Añadiendo expresiones intensivas (el superlativo).

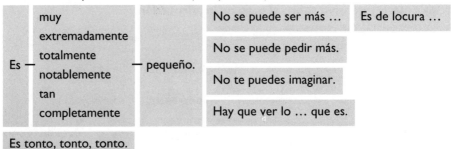

Es ⸺ muy
extremadamente
totalmente
notablemente
tan
completamente
⸺ pequeño.

No se puede ser más ...   Es de locura ...

No se puede pedir más.

No te puedes imaginar.

Hay que ver lo ... que es.

Es tonto, tonto, tonto.

56. MODO DE PREGUNTAR , DE INQUIRIR

La interrogación dispone de diferentes métodos para realizarse: entonación, palabras interrogativas, orden de las palabras y, en la lengua escrita, el signo de interrogación al principio y al final.

ⓐ Interrogación directa.

> ¿Quieres venir conmigo?   ¿Vas a estudiar?

ⓑ Interrogación indirecta.

> Te pregunto si quieres venir conmigo.   Quería saber si ...

> Me interesaría conocer si ...

ⓒ Interrogación con giros.

> Vienes ¿No?   ¿Es que no vas a venir?   Vas a venir ¿Verdad?

> ¿Verdad que vas a venir?

ⓓ Interrogación con un infinitivo.

> ¿Qué hacer?   ¿Adónde ir?   ¿Por qué trabajar?

ⓔ Interrogación reforzada / simplificada.

Es frecuente en la lengua hablada reforzar la partícula interrogativa con otras (a veces de tipo exclamativo) y a veces omitir el verbo.

> ¿Quién diablos ha dicho eso?   ¿Qué diantres quieres?   ¿Qué deseas, pues?

> ¿Para qué?

ⓕ Fórmulas para preguntar sobre temas determinados..

Sobre personas.

> ¿Quién es?   Es ...   Son...

RESPUESTAS

> ¿Quiénes son?   Son ...   Somos nosotros.

> ¿Quién ha venido?   Juan.   Yo.   Mi padre.

> ¿A quién, con quién, de quién ... hablas?

Sobre cosas.

¿Qué es esto? Es un... Es una ...

RESPUESTAS

¿Qué te molesta? El ruido.

¿Qué miras? El cielo.

¿En qué piensas? En nada.

¿De qué es esta mesa? De madera.

¿Qué edad tiene? 30 años.

¿Cómo te llamas? Antonio.

¿Cuál es tu apellido? Martínez.

¿Qué películas te gustan? Las policíacas.

¿Cuáles son las partes del cuerpo? La cabeza, el tronco ...

Sobre el modo, medio, compañía, cualidad...

¿Cómo se hace el trabajo? ¿Con qué se hace el trabajo?

¿Con qué se va a reparar el motor? ¿Con quién vas a venir?

¿Quién te va a acompañar? ¿Cómo son los pisos?

Sobre la causa (La pregunta se empieza: "Por qué" y la respuesta: "Porque", "A causa de "...)

¿Por qué lo has hecho? Porque he querido. Porque me ha dado la gana.*

¿Por qué corres? Porque quiero llegar a tiempo. Por llegar a tiempo.

RESPUESTAS

Sobre la finalidad.

¿Para qué vas al museo? Para ver las obras de arte.

RESPUESTAS

¿Para qué trabajas? Para vivir.

Sobre la cantidad, el precio.

¿Cuánto mide esta habitación?   ¿Cuánto cuesta esta silla?

¿En cuántos céntimos se divide el euro   ¿A cuánto sale el metro de...?

¿Qué cantidad de tela necesito para un traje?

Sobre el lugar, la dirección.

¿Dónde estamos?   ¿Adónde vamos?   ¿Por dónde pasa el autobús?

¿Hacia dónde me lleva este tren?   ¿En qué lugar debo pararme?

Sobre el tiempo, día, hora.

¿Qué tiempo hace?   ¿Qué hora es?   ¿A cuántos estamos?

¿Cuánto se tardará en arreglar la avería?

57. CÓMO FORMAR Y CAMBIAR DE OPINIÓN (véase sec. undécima).

Expresar
el sentimiento

Expresar el sentimiento 5

58. RESPECTO A UNA PERSONA, A UNA COSA, A UN HECHO

SENTIMIENTO DE **ATRACCIÓN**

ⓐ Interés.

Me interesa — la música.
la historia.
Pedro.

Encuentro la idea interesante.

Esto no está falto de interés.

Me interesaría participar también.

Estoy muy interesado por el arte.

Le tienta la pintura.

Siento curiosidad por la arqueología.

Me atraen los viajes.

Me gustan las películas policíacas.

ⓑ Aprecio.

Me gusta la merluza a la vasca.

Estos recuerdos son muy apreciados (estimados) por los turistas.

Todos los que la conocen la aprecian.

SENTIMIENTO DE **RECHAZO**

ⓐ Desinterés, indiferencia.

Con las negativas de las frases anteriores o con frases de sentido contrario.

Esto no me dice nada.

No me importa.

Me deja frío / indiferente.

Me da lo mismo / igual.

¡Bueno! Me trae al fresco.*

ⓑ Desprecio, envidia, celos.

Con las negativas de las frases anteriores o con frases de sentido contrario.

Es un ser despreciable.

No merece la pena.

Lo aprecio en lo que vale.

Me agrada ...

Estoy contento de que estés aquí.

Eso es digno de aprecio.

Tiene un valor apreciable.

Es un pintor apreciable.

Los dos nos entendemos muy bien.

Para mí es como un hermano.

Es la niña de sus ojos.

No ofende el que quiere sino el que puede.

Estoy celoso de ...

Tengo celos de ...

La envidia le corroe las entrañas.

Tiene envidia de tu éxito.

Envidio su suerte.

Me da envidia el coche de Pedro.

c Admiración.

Te admiro por tu valor.

Admiro la arquitectura gótica.

Sólo cabe la admiración por tal acto.

¡Admirable!   ¡Qué bonito!

¡Qué bien!   ¡Qué bueno!

Lo encuentro	magnífico.
Me parece —	sensacional.
	maravilloso.
Es	genial.

c Desprecio (véase **b**).

Después de lo que has hecho te desprecio.

Eres despreciable.

Es una cosa despreciable.

d Consideración.

Considero mucho a mis amigos.

Los estimo en lo que valen.

Son dignos de mi más alta consideración.

d Desconsideración (véase **a** y **b**).

Es un pintor estimable.

Lo que se estima se guarda con cuidado.

Está muy bien considerado por todos.

e Simpatía.

Yo le tengo mucha simpatía.

Se ha ganado la simpatía de todos.

Es simpatiquísimo.

Tiene la simpatía a raudales.

Donde quiera que va, despierta simpatías.

Y a mí ese tipo que me cae simpático.*

f Amistad.

Somos buenos amigos.

Tengo amistad con ellos.

Somos íntimos.   Juan es mi amigo.

g Amor (véase los anteriores).

Amo a Anita.

Anita es mi amor / amada / querida.

Estoy loco por ...

Estoy enamorado de ...

Me gustas.

e Antipatía.

Tiene cara de pocos amigos.

No le dirige la palabra; es antipático.

No sé por qué, pero no me cae bien.

Sólo con verlo te echa para atrás.*

f Enemistad (véase **e** y **g**).

g Odio, hostilidad, rencor.

No lo puedo ver ni en pintura.

Detesto que me digas eso.

Eso le horroriza.   No lo soporto.

Ni me lo nombres.

Yo estoy en contra.

Es un enamorado del arte.

Los caballos le vuelven loco.

Odio las tormentas.

Odio a mis enemigos.

Odio tener que hacerlo.

A Luis se la guardo.*

Con las ganas que le tengo.*

Esta me la pagas.*

Ya te acordarás de mí.*

ⓗ Preferencia.

Prefiero ⎯ la escarola a la lechuga.
Juan a Enrique.
a Luisa.

Me gusta más salir los sábados.

Me gusta el cinè pero prefiero el teatro.

Si hay que escoger me quedo con éste.

ⓗ Indiferencia (Véase ⓐ y ⓑ).

ⓘ Compasión.

Me da lástima el pobre Jorge.

Tengo compasión de esta gente.

Me conmueve ver tanta miseria.

Se me revuelven las entrañas.

Se me parte el corazón al ver ...

ⓘ Dureza, desprecio, altanería..

No merecen que los atiendas.

No vale la pena perder el tiempo con ellos.

Es culpa suya.

59. SENTIMIENTOS ANTE UNA REALIDAD AGRADABLE/DESAGRADABLE

ⓐ Alegría, contento.

Soy feliz al verte de nuevo.

Estoy encantado aquí.

¡Qué contento estoy!

¡Qué alegría!

Estoy loco de contento.

Es la mayor alegría de mi vida.

¡Es el no va más!

Es lo que yo quería.

Estoy contento — de ti. / de que vengas.

ⓑ Satisfacción.

Estoy satisfecho — de ti. / de que venga. / de los resultados.

Eso me satisface plenamente.

Eso me llena de satisfacción.

No se puede pedir más.

¡Estupendo! ¡Perfecto!

Con gran satisfacción — he sabido. / me he enterado.

¡Qué potra!*

Me ha salido — a derechas.* / a pedir de boca.*

ⓐ Tristeza, añoranza, irritación.

Estoy triste por su causa.

Me ha entristecido la noticia.

Esto me pone muy triste.

Lo echo mucho de menos.

No sabes cuánto lo echo en falta.

Ojalá pudiera recuperarlo.

¿Hasta cuándo va a ser así?

Esto es insoportable.

Está inaguantable.

Estoy hasta las narices.*

ⓑ Insatisfacción.

No estoy satisfecho en absoluto.

Esperaba más de ti.

Eso es muy poco.

No es lo que yo quería.

Deja mucho que desear.

No tienes remedio.

Esto no es lo que yo esperaba.

¡Qué mala pata!*

Todo me sale torcido / al revés.*

No doy una.*

Dicha, placer (Véase **a** **b**).

¡Qué placer poder bañarse al sol!

¡Qué bien se está aquí!

¡Qué a gusto estoy!*

Esto es el paraíso.

Está ── embelesado.
en el séptimo cielo.
en la gloria.

¡Esto es fabuloso!

Pena, dolor, angustia.

¡Qué desgraciado soy; todo me sale al revés!

Esto es el infierno.

Tengo ganas de llorar.

Me dan ganas de llorar.

El mundo se me viene encima.

Todo se me derrumba.

¡Qué asco!*

Buen humor (Véase **a** **b** y **c**).

Me siento en forma.

Tengo la moral por las nubes.

Rebosa alegría.

Estar de buenas.*

La vida le sonríe.

Mal humor, disgusto, depresión.

Esto no hay quien lo aguante.

Está insoportable.

Se ha levantado con el pie izquierdo.

Estar de malas.*

Tiene la depre.*

Está hecho unos zorros.*

No se le puede dirigir la palabra.

Fascinación.

Estoy fascinado por su ── audacia.
belleza.

Lo que más me atrae de él es su lealtad.

Decepción.

Estoy decepcionado.

¿Pero es posible?

No lo hubiera creído.

Me decepcionas.

Y yo que creía …

60. SENTIMIENTOS DERIVADOS DE UN ACTO DE VOLUNTAD

ⓐ Decisión.

Quiero …   Querría marcharme.

Exijo que se me atienda.

Mi voto es …   Mi decisión es …

He tomado la decisión de …

Ya lo he decidido.

Estoy decidido / determinado a hacerlo.

Cueste lo que cueste lo haré.

A pesar de los pesares iré.

¡Venga! Que me voy.

(Está) decidido: me voy.

Ya no me voy; lo he decidido.

ⓐ Indecisión.

No sé si quiero que venga.

Estoy entre dos aguas.

No sé lo que quiero.

No sé qué es mejor.

Bueno, ya veremos.

Quizás.   Puede ser.   Tal vez.

Sí, pero …   El caso es que …

Dudo entre las dos.

ⓑ Deseo.

Intensidad.

Deseo que vengas.

Desearía tomarme un helado.

Me gustaría muchísimo ir.

Lo que más desearía es ir.

Eso me agradaría — mucho.
                    enormemente.

Ardo en deseos de ver …

Estoy que no puedo más.

Tengo muchas ganas de ir.*

ⓑ Temor, ansiedad..

Temo que venga.

Dudo que se atreva.

Estoy muerto de miedo.

Me temo que sea demasiado tarde.

Tengo verdadero pánico.

Estoy temblando.

Estoy angustiado: son las 2 y no ha llegado.

Lo espero con ansiedad.

Preferencia.

Es preferible que venga.

Yo lo prefiero.

Es mejor que venga.

Esperanza.

Lo llamé con la esperanza de que …

Con esa esperanza lo hice.

Le ayudé creyendo que lo alcanzaría.

Desesperación.

Ya no espero más.

Ya no puedo más.

Ya no tengo nada que esperar.

Se acabó la esperanza.

Temo que no venga.

Estoy ansioso por saberlo.

No sabes las ansias / ganas que tengo de …

Sólo el pensarlo me pone la carne de gallina.*

C Tolerancia, resignación.

Te comprendo.

Me pongo en tu lugar.

Es muy comprensible.

Todo está a tu favor.

Lo admito.   No estoy en contra.

¡Qué le vamos a hacer!

¡Qué se le va a hacer!

No me molesta que lo hagas.

C Intolerancia.

No quiero que salga.

No le tolero que me hable así.

No admito que se me lleve la contraria.

No soporto tener que esperar.

No hay vuelta de hoja: lo haces.

Yo estoy en contra.

Sería intolerable que tú …

Bueno; si tú lo quieres ...

¿Y ahora qué?

Hay que tener paciencia.

Pero ¿qué te has creído?

No puedo hacer nada.

¿Qué quieres que yo le haga?

Si no puede ser de otro modo ...

61. SENTIMIENTOS OCASIONADOS POR LO QUE NOS HAN HECHO O NOS HA OCURRIDO ....

Para este apartado puede verse también todo el apartado 59.

a Gratitud, reconocimiento (Véase 8).

Siempre se lo agradeceré.

Se lo merece todo.

No lo olvidaré jamás.

Ha sido un padre para mí.

No sabe cuánto se lo agradezco.

Es para besarle los pies.◊

Es para besar por donde pisa.◊

Le debo todo lo que soy.

Gracias a él soy lo que soy.

Sin él no habría llegado adonde estoy.

a Ingratitud, olvido.

Con todo lo que yo he hecho ...

Me lo debe todo y sin embargo ...

Es un ingrato. Es un malnacido.

Ha olvidado lo que hemos hecho.

No tiene vergüenza ¡Hacerme esto!

Es mejor no pensar en ello.

El tiempo lo cura todo.

b Reacción.

Pues a pesar de todo seguiré adelante.

Esto me servirá de lección.

b Abstención.

Para eso, mejor no haber hecho nada.

Conmigo no cuente para otra.

Para aprender, perder.

El que tropieza y no cae, adelanta camino.

La próxima le espero.

Esto a mí no me achanta.*

Ese no sabe ⎯ quién soy yo; ya verá. con quién ha dado. con quién ha topado.*

Después de esto ¿Para qué molestarse?

Una y no más, Santo Tomás.*

Si llego a saberlo, no muevo un dedo.

No lo vuelvo a intentar.

Todos los esfuerzos que han hecho para nada.

Lo habría hecho pero no lo haré.

La próxima me abstengo.

🄲 Éxito.

Por fin lo logré.   ¡Al fin!

Más vale tarde que nunca.

¡Ya era hora!   ¡Eres el mejor!

El éxito sonríe al que lo busca.

¡Eres formidable!

De ti no se podía esperar otra cosa.

¡Con lo que tú vales!

🄲 Fracaso.

¿Por qué me tiene que ocurrir?

¿Qué he hecho yo para merecer esto?

Pero ¿no aprenderás nunca?

Esto no le pasa más que a mí.

Me lo tengo bien merecido.

Desde luego, soy el pupas.*

Soy gafe.*

SENTIMIENTOS OCASIONADOS POR LA ACTITUD RESPECTO AL FUTURO ....

ⓐ Confianza.

Confío en que todo —
se arreglará.
se arregle.

Todo se arreglará; eso espero.

Aunque no es nada fácil, lo lograré.

Cuento con —
ello.
vuestra ayuda.
que me echéis una mano.

Puede vd. contar con él.

No le fallará.

Es hombre de palabra.

Me inspira confianza.

No te hagas mala sangre.*

No te amargues, que se arreglará.

No temas, que no va a suceder.

ⓐ Desconfianza.

No estoy seguro; es difícil.

Desconfío de poder hacerlo.

No puedo contar con él.

No es de fiar.

No es hombre de palabra.

Es mejor ser pesimista.

Desconfía de sus promesas.

No te fíes por mucho que diga.

Hasta que no lo veas, no lo creas.

No te hagas ilusiones.

Nadie lo logra a la primera.

Me parece inalcanzable.

Es muy problemático.

ⓑ Competencia, capacidad (véase 32 **ⓑ**)

Esto lo sabe hacer a la perfección.

Soy capaz de eso y de mucho más.

Para mí, eso no es nada.

Es una persona muy capaz / dotada.

Yo lo puedo hacer —
a ciegas.
con los ojos vendados.
en un santiamén.*

ⓑ Incompetencia, incapacidad.

No es lo mío.　　Esto me supera.

No podré hacerlo.

Son demasiadas dificultades.

Eso sobrepasa mis posibilidades.

No dispongo de medios para ello.

Eso lo logran muy pocos.

Para mí esto ─ Está tirado.*
está chupado.*
es pan comido.*

Es muy complicado para mí.

Soy incapaz de hacerlo.

c **Motivación, interés** (véanse 35, 38).

Esto es importante para …

Me interesa por …

Puede serme útil para …

Es sumamente útil / interesante.

Si logro hacerlo, podré …

c **Falta de motivación, de interés.**

Y tanto trabajo ¿Para qué?

Y a mí ¿Qué me va en ello?

Eso ─ no sirve para nada.
es inútil.
es pesadísimo.

63. SENTIMIENTOS RELACIONADOS CON LAS DISPOSICIONES SUBJETIVAS

a **Seguridad.**

Está seguro de sí mismo.

Se siente seguro.

Tiene mucha confianza en sí mismo.

Sabe hasta dónde puede llegar.

Vale mucho y lo sabe.

Es muy osado.

No se echa para atrás.

a **Timidez.**

Es sumamente tímido.

No levanta la voz.

No se atreve a hablar.

Con lo que vale, si no fuera tan tímido.

Todo se le hace un mundo.

Se siente inseguro.

b **Orgullo.**

Se cree ─ el rey del mundo.
el ombligo del mundo.

Sólo cuenta él.

b **Humildad, modestia.**

Hace todo con mucha sencillez.

Es la humildad ─ en persona.
personificada.

Es un — orgulloso.
vanidoso.
fanfarrón.

No peca de modestia.

No lo pide, lo suplica.

Es la modestia andando.

Se siente molesto si le alabas.

c Inocencia.

Es un inocente.

No tiene malicia.

Lo hace — sin segundas.
ingenuamente.
inocentemente.

Es un bendito.

Nunca piensa mal.

Cree que todo el mundo es como él.

c Culpabilidad.

Me siento culpable.

No debería haberlo hecho.

Tengo vergüenza al hacerlo.

No se atreve a levantar los ojos.

d Necesidades y estados fisiológicos.

Tener hambre. Tener sed.

Tener frío. Estar helado.

Estar tiritando. Tener calor.

Tener sueño. Estar cansado.

Estar muerto de sueño.

Tener ganas de comer / beber ...

Dolerle algo a alguien (Le duele la cabeza). Tiene buen apetito.

Está — enfermo.
sano.
en forma.
Se siente — bien.
Se encuentra — mal.

d Sensaciones y percepciones.

Oir. Escuchar. Entender.

Ver. Mirar.

Gustar (Le gusta la buena mesa).

Tener gusto por ...
(Ha decorado con gusto su casa).

Tocar. Oler.

Es sordo \ ciego \ mudo.

Sentir (No siente el dolor).

SENTIMIENTOS EN RELACIÓN CON LAS CONDICIONES Y DISPOSICIONES OBJETIVAS ....

ⓐ Factibilidad (véase 32).

Es posible hacerlo.

Siempre hay medios para hacerlo.

Esto permite hacerlo.

Es factible.   Se puede hacer.

ⓐ Imposibilidad.

Es — absolutamente / prácticamente / completamente — imposible.

No hay modo alguno de hacerlo.

Es impensable.

Es como buscar una aguja en un pajar.

Esto es pedir la luna.

ⓑ Facilidad (véase 35).

Es muy fácil de hacer.

No es difícil / duro.

Este libro se lee — fácilmente. / sin dificultad.

Esto es el catón de los niños.◊

ⓑ Dificultad (véase 35).

No es tan fácil como parece.

Hay que verlo para creerlo.

Esto presenta — muchas / grandes / enormes —dificultades.

Es sumamente delicado.

Es dificilísimo.   No hay quien lo haga.

Te dejas la piel en la empresa.

ⓒ Utilidad.

Es indispensable para — tener... / hacer... / ser... / alcanzar...

Si pretendo / intento / quiero ...

Esto permite / facilita / ayuda ...

ⓒ Inutilidad.

Es inútil, no hay nada que hacer.

Esto no te servirá para nada.

No merece la pena que lo hagas.

Y a fin de cuentas ¿Qué?

Con ...	es más fácil.	Tanto trabajo para esto.
	es menos difícil.	
	ya lo habría hecho.	

65. SENTIMIENTOS RELACIONADOS CON LA RESPONSABILIDAD DEL SUJETO ....

ⓐ Orgullo, honor, gloria.

Estoy / Me siento orgulloso de

haber tenido éxito.
tu éxito.
mi familia.

Esto me llena de orgullo.

Es un honor para nosotros.

No se puede alcanzar mayor honor.

Eso le honra.

¡Qué honor me haces!

Me honras con tu presencia.

Nos hemos cubierto de gloria.

ⓐ Vergüenza, deshonor, humillación.

Tengo vergüenza de haber fracasado.

Tengo vergüenza de mí.

Me da vergüenza haber ido.

Me avergüenzo de ...

Es ignominioso.

Es la mayor ignominia que puede tener.

¡Qué humillación!

¡Qué vergüenza!

¡Qué deshonra!

Así es, para vergüenza mía.

No me atrevo a confesarlo.

ⓑ Responsabilidad, obligación.

Él es el responsable.

De él dependía el evitarlo.

Era de su incumbencia.◊

Tú tienes / has de / debes hacerlo.

Es tu obligación ...

ⓑ No responsabilidad, permisividad.

No ha sido él.

No es culpa suya.

A él no le incumbe.

No es de su incumbencia.◊

No está obligado a ello.

103

Él es el autor de …

Me ha implicado en el asunto.

Está — permitido / autorizado / tolerado — hacer …

No tiene nada que ver con el asunto.

Tiene las manos libres.

⊙ Valor, audacia, temeridad.

Ha tenido el valor de hacer / decir.

Ha dado pruebas de su valor.

Se atrevió con todos y con todo.

Su valor raya en la temeridad.

No tiene miedo de nada ni a nadie.

Es un valiente.

⊙ Cobardía.

No se atreve a hacerlo.

Le falta valor / coraje / empuje.

No tiene hombría.   Es un cobarde.

Es un gallina.*

No es capaz de mojarse.*

No se moja.*

⊙ Sorpresa, extrañeza.

Me sorprende — que lo diga. / que lo haya hecho. / que sea él. / tu frescura.

Es lo que menos podía esperar.

Estoy atónito.

No me lo puedo creer.

Pero ¿Es posible? ¿De verdad?

¡No! No me lo esperaba.

¡Qué sorpresa!

¿Sueño o estoy despierto?

⊙ Indiferencia.

No me sorprende.

No me interesa.

A mí ni me va ni me viene.

Me deja frío.   Me tiene sin cuidado.

Eso no va conmigo.

¿Qué quieres que le haga?

Y ¿qué?; y a mí ¿qué?

Pasa de todo.*   Es un pasota.*

Me trae al fresco.*

66. LA EXCLAMACIÓN - LA IRRITACIÓN - LOS INSULTOS - EL ÉNFASIS

a La exclamación.

En el dolor:

¡Ay! (¡Ay, mi rodilla! ¡Ay mi cabeza!)   ¡Uy!   ¡Oh! ¡Qué dolor!

¡No puedo más!   ¡No aguanto más!

En la alegría, en la satisfacción:

¡Bien!   ¡Viva!   ¡Qué bien!   ¡Estupendo!   ¡Colosal!   ¡Fenómeno!

En la admiración. Los mismos que en el apartado anterior y:

¡Formidable!   ¡Soberbio!   ¡Olé! (en los toros)   ¡Torero! (en los toros)

¡Bravo!   (en los deportes, en los conciertos, etc.)

¡Otra, Otra!   (en los conciertos, pidiendo otra canción, otra pieza)

¡Tía buena!*   ¡Tío bueno!*

Como apoyo (en el deporte, etc.):

¡Aupa!   ¡Que ya es tuyo!   ¡Dale!   ¡Venga!   ¡Échale lo que hay que echarle!*

Ante la sorpresa:

Pero ¡bueno!   ¡Qué sorpresa!   ¡Caramba, qué sorpresa!   ¡No es posible!

¡Pero si es …!   ¡No me lo puedo creer!

Al desear algo a alguien (bueno o malo):

¡Ojalá te …!   ¡Mal haya …!*   ¡Que te parta un rayo!* (malo)

¡Mal rayo te parta!*

b La irritación - Los insultos.

Ante una situación adversa:

Esto es insoportable.   No hay quien lo aguante.   ¿Adónde vamos a parar?

Pero ¿esto qué es?   Pero ¿qué se han creído?   ¿Por quién me toman?

Al dirigirse a una persona (insultándola):

¡Especie de …! / ¡Pedazo de …!

| ¡Idiota! | ¡Imbécil! | ¡Tonto! | ¡Cretino! | ¡Anormal! | ¡Necio! | ¡Bobo! |

y otros adjetivos del mismo talante como:

| Majadero. | Estúpido. | Cerdo. | Sinvergüenza. | Salvaje. | Burro. | Bestia. |

| Animal. | Hijo de perra.* | Tu padre.* | Gilipuertas.* |

Al hablar a alguien (insultándolo):

Pero si ése es un idiota, imbécil, etc. como en el apartado precedente, excepto: ¡Tu padre!*

Al insultar cariñosamente, como reproche, pero sin intención de molestar, se emplea la mayoría de los términos anteriores, pero con otro tono.

Mira que eres tonto ¿Eh?   No seas animal / bruto ¡Hombre!

¿No ves que no es así, so tonto / tontorrón / etc.?

C El énfasis.

Cuando se desea resaltar algo, subrayándolo psicológicamente, la lengua dispone de numerosos recursos. He aquí algunos:

Por medio de la repetición de la palabra:

Es tonto, tonto a más no poder.   Era guapa, guapa, guapa.

Por el uso del superlativo:

Es guapísima.   El que más sabe.   No se puede ser más.   Todo lo que se diga es poco.

Por medio de estructuras compuestas de "ser" y el nombre o pronombre personal.

Él, él es quien me lo ha dicho.   Pero ¿Eres tú? ¿Tú lo has hecho?

Por medio de la insistencia:

¡Que te digo que sí! Que …   ¡Que te lo digo yo!   ¡Que es así, hombre!

Por medio de la metáfora:

Se está tan bien, que ni en la gloria.   Al ver el pastel se me hace la boca agua.

Cómo expresar las cualidades y actitudes físicas y morales

Cómo expresar las cualidades y actitudes físicas y morales

67. CÓMO EXPRESAR LAS CUALIDADES

Para expresar el modo de ser de algo tenemos dos posibilidades: o indicamos cómo es una cosa, una persona, o bien indicamos cómo actúa.

ⓐ En general: para personas y cosas (véase 69 y 70) se puede expresar ...

Con uno o varios adjetivos.

Tiene un vestido rojo.	Es alta y delgada.

Con nombres o verbos unidos con preposiciones.

Máquina de coser.	Traje de novia.	Casa de campo.

Campaña contra la droga.	Respeto al (hacia el) rey.	Bote de propinas.

Con nombres en aposición.

París, ciudad Luz.	Roma, ciudad eterna.	Salamanca, Roma la chica.

Por medio de un relativo.

El libro que compré ayer.	La guerra que nos amenaza.

La persona cuyos hijos viste ayer.

ⓑ Cómo calificar las acciones.

Equivale a calificar el verbo.

Luis ─ canta bien. / habla fuerte. / corre mucho. Adverbios.

Habla en voz baja. Preposición.

Conduce ─ prudentemente. / con prudencia.

Adverbio.
Preposición.

Equivale a una determinación instrumental.

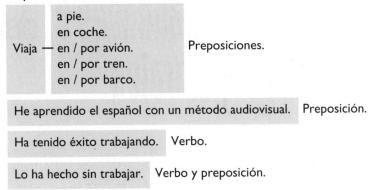

Viaja
- a pie.
- en coche.
- en / por avión.
- en / por tren.
- en / por barco.

Preposiciones.

He aprendido el español con un método audiovisual. Preposición.

Ha tenido éxito trabajando. Verbo.

Lo ha hecho sin trabajar. Verbo y preposición.

● Calificaciones más usadas.

Junto a las calificaciones van expresiones que las complementan y el modo de preguntar sobre ellas (véase 56).

❶ Profesión.

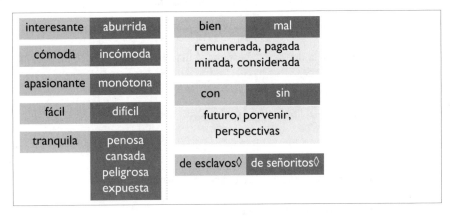

interesante	aburrida
cómoda	incómoda
apasionante	monótona
fácil	difícil
tranquila	penosa cansada peligrosa expuesta

| bien | mal |
remunerada, pagada
mirada, considerada

| con | sin |
futuro, porvenir,
perspectivas

| de esclavos◊ | de señoritos◊ |

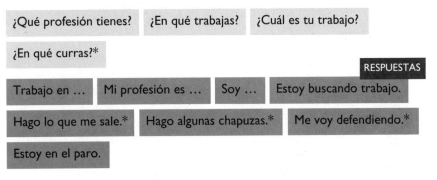

¿Qué profesión tienes? ¿En qué trabajas? ¿Cuál es tu trabajo?

¿En qué curras?*

RESPUESTAS

Trabajo en ... Mi profesión es ... Soy ... Estoy buscando trabajo.

Hago lo que me sale.* Hago algunas chapuzas.* Me voy defendiendo.*

Estoy en el paro.

¿Cómo estás en tu trabajo?

Estoy contento / satisfecho / orgulloso. No puedo quejarme.

No me encuentro a gusto.

❷ Acontecimientos de actualidad.

grave	leve	extraño	anodino
importante	sin importancia	inquietante	tranquilizador
significativo	sin trascendencia insignificante	divertido	aburrido
serio	frívolo	alegre	triste
trágico dramático	cómico	sorprendente excepcional inaudito extraordinario histórico notable	corriente común de todos los días
curioso	normal corriente		
esperado	inesperado		

¿Qué piensas sobre …? ¿Qué te parece …?

Me preocupa … Me ha sorprendido … No lo esperaba … Se veía venir.

❸ Espectáculos, diversiones.

interesante	poco interesante sin interés un petardo*	notable	corriente	bien	mal
divertido	aburrido un pestiño*	admirable	digno de lástima	interpretado dirigido realizado	
hermoso	feo horroroso	extraordinario excepcional sorprendente	corriente del montón* corrientucho		
bueno estupendo	malo pésimo	trágico dramático triste	cómico alegre		

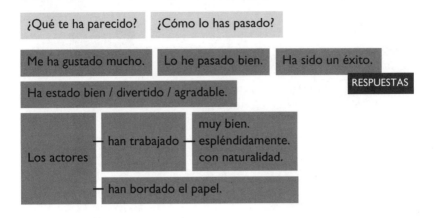

¿Qué te ha parecido? ¿Cómo lo has pasado?

Me ha gustado mucho. Lo he pasado bien. Ha sido un éxito.

RESPUESTAS

Ha estado bien / divertido / agradable.

Los actores — han trabajado — muy bien. / espléndidamente. / con naturalidad.

— han bordado el papel.

❹ Clima - Tiempo.

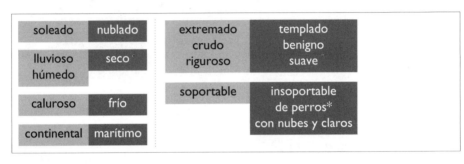

soleado	nublado		extremado	templado
lluvioso	seco		crudo	benigno
húmedo			riguroso	suave
caluroso	frío		soportable	insoportable
continental	marítimo			de perros*
				con nubes y claros

¿Cómo es el clima de la región? ¿Qué tal tiempo hace?

¿Qué tiempo tendremos mañana? ¿Te va este clima?

Me gusta; se está muy bien. Se avecina un gran temporal.

RESPUESTAS

Mañana habrá borrasca.

❺ Casa - Habitación.

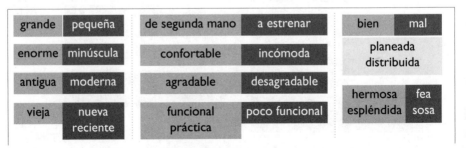

grande	pequeña	de segunda mano	a estrenar	bien	mal
enorme	minúscula	confortable	incómoda	planeada distribuida	
antigua	moderna	agradable	desagradable		
vieja	nueva reciente	funcional práctica	poco funcional	hermosa espléndida	fea sosa

amueblada	vacía / sin muebles	céntrica	en las afueras / en la periferia / en las chimbambas*
sólida	endeble	tranquila	ruidosa / bulliciosa
bien conservada	ruinosa / en ruinas	bien comunicada	mal comunicada / sin comunicaciones
con vistas	sin vistas	con ... habitaciones / piezas	
cara	barata / buen precio / una ganga	de cooperativa / protección oficial / protegida	
bien situada	mal situada	a... euros el m^2	

¿Cómo es la casa?   ¿Por dónde cae?   ¿Cuánto cuesta?   ¿Cuánto vale?

¿Vives a gusto?

Estoy encantado.   Vivo feliz.   Me encuentro a disgusto.

No termino de hacerme.   RESPUESTAS

❻ Barrio - Entorno.

tranquilo	bullicioso / ruidoso	cuidado / limpio	descuidado / sucio
caro	barato	con jardines / ajardinado	sin jardines / sin árboles
residencial	de clase media / pobre / trabajadora	pintoresco	corriente
dormitorio	de oficinas / industrial	seguro	inseguro
		atractivo	repelente

¿Qué tal es el barrio?   ¿Cómo es este barrio?

Está muy bien.	No está mal.	Me siento a gusto / a disgusto.
Se vive bien.	Se siente uno seguro.	RESPUESTAS

7 Comidas.

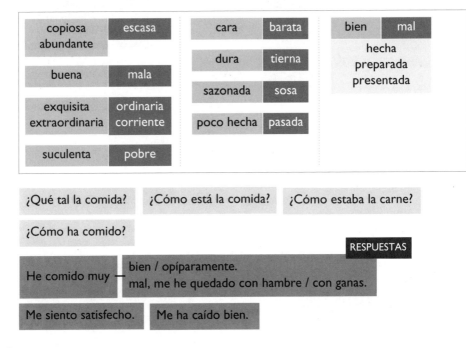

copiosa abundante	escasa
buena	mala
exquisita extraordinaria	ordinaria corriente
suculenta	pobre

cara	barata
dura	tierna
sazonada	sosa
poco hecha	pasada

bien	mal
hecha preparada presentada	

¿Qué tal la comida?	¿Cómo está la comida?	¿Cómo estaba la carne?
¿Cómo ha comido?		

He comido muy — bien / opíparamente.
mal, me he quedado con hambre / con ganas.

Me siento satisfecho.	Me ha caído bien.

8 Invitados.

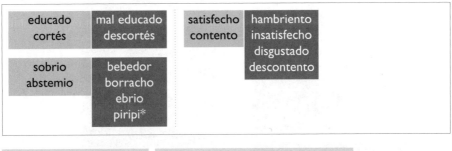

educado cortés	mal educado descortés
sobrio abstemio	bebedor borracho ebrio piripi*

satisfecho contento	hambriento insatisfecho disgustado descontento

¿Cómo son los invitados?	¿Cómo han quedado los invitados?

Son muy agradables y simpáticos.	Son muy mirados y agradecidos.◊
Han sido unos groseros y desagradecidos.	No saben apreciar lo bueno.

❾ Carácter (véase 69).

❿ Cualidades físicas (véase 70).

Forma (véase 58).

¿Qué forma tiene?	Tiene forma de …	

RESPUESTAS

¿De qué forma es?	Es de tal forma.	Tiene una forma muy rara.

¿Qué aspecto tiene?	Redondo.	Cuadrado.	Alargado.	Rectangular.

Dimensiones (véase 89).

Consistencia.

duro	blando		rígido	flexible		resistente	quebradizo		sólido	frágil

¿Es resistente?	¿Es duro?	¿Se rompe fácilmente?	¿Aguanta el peso?

Materia.

hecho de piedra	fabricado con productos sintéticos
es de hierro / metal / acero / aleación	cincelado en mármol

¿De qué — es?
está hecho?
está compuesto?

¿En qué está hecho?   ¿Qué composición tiene?

El vestido es de (pura) lana (virgen).	Es un tejido sintético.	Es un metal raro.

Este tejido está compuesto de 50% de lana y de 50% de algodón.

Es una piedra preciosa.	Es de una aleación rica en cobre.

Es plata de ley.	Es oro de 24 quilates.

RESPUESTAS

Visibilidad.

visible	invisible		claro	oscuro borroso		ver bien	ver mal no ver ni gorda* ni tres en un burro*

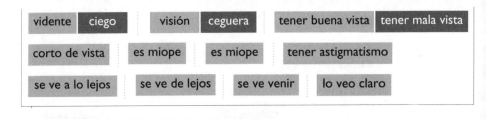

| vidente | ciego | | visión | ceguera | | tener buena vista | tener mala vista |

| corto de vista | es miope | es miope | tener astigmatismo |

| se ve a lo lejos | se ve de lejos | se ve venir | lo veo claro |

¿Qué tal ves? ¿Cómo ves? ¿Ves bien?

Audibilidad.

| audible | inaudible | | se oye | no se oye | | sonido agudo / grave / sordo |

| audición perfecta | buena acústica | insonorización completa |

Tiene buen oído / oído fino. Es sordo como una tapia.*

No oigo bien; habla más fuerte / más alto. No lo despierta un cañonazo.*

No grites, que te oigo bien. ¿Qué tal andas del oído? ¿Oyes bien?

¿Se oye bien aquí? ¿Es buena la audición?

Gusto.

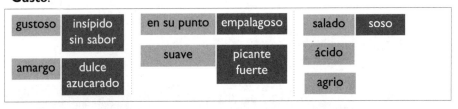

| gustoso | insípido sin sabor | | en su punto | empalagoso | | salado | soso |

| | | | suave | picante fuerte | | ácido |

| amargo | dulce azucarado | | | | | agrio |

He probado el primer plato. Al paladearlo se aprecia mejor.

Saboréalo despacio. Es apetitoso porque está bien condimentado.

Se relame de gusto.* Deja un gusto (sabor) a ... Sabe (Tiene gusto) a ...

No sabe a nada. Tiene el gusto atrofiado. No siente nada. ¿Te gusta?

¿Qué tal está? ¿Qué tal te sabe? ¿Tiene buen sabor / gusto?

Olor.

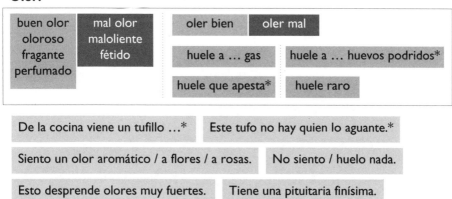

buen olor	mal olor
oloroso	maloliente
fragante	fétido
perfumado	

| oler bien | oler mal |

huele a ... gas · huele a ... huevos podridos*

huele que apesta* · huele raro

De la cocina viene un tufillo ...* · Este tufo no hay quien lo aguante.*

Siento un olor aromático / a flores / a rosas. · No siento / huelo nada.

Esto desprende olores muy fuertes. · Tiene una pituitaria finísima.

Tiene buen olfato. · Lo huele a la legua. · Este olor me encanta.

Es su perfume preferido. · Esto tira para atrás.* · ¿A qué huele?

¿Hueles a algo? · ¿Sientes algo?

Color.

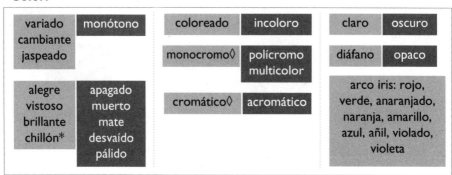

variado	monótono
cambiante	
jaspeado	

| coloreado | incoloro |

| claro | oscuro |

| monocromo◊ | polícromo |
| | multicolor |

| diáfano | opaco |

alegre	apagado
vistoso	muerto
brillante	mate
chillón*	desvaído
	pálido

| cromático◊ | acromático |

arco iris: rojo, verde, anaranjado, naranja, amarillo, azul, añil, violado, violeta

Es daltónico; no distingue los colores. · Es un pintor muy colorista.

Usa colores fuertes. · Usa sólo los colores primarios / complementarios.

Esto no tiene color. (Al comparar dos cosas) · El verde es mi color preferido.

Resulta vistoso con tanto color. · ¿De qué color es? · ¿Qué color tiene?

¿Qué color te gusta más (prefieres)? · ¿Cuál es tu color?

Tacto.

tangible	intangible	palpable	inpalpable	fino	rugoso ondulado
tocable	intocable	suave pulido	áspero		
intacto	estropeado manchado	tiento		liso	granulado
				toque	

No siento ni frío ni calor.　Tiene la piel insensible / de hipopótamo.*

Tiene un tacto muy suave / aterciopelado.　Tócalo / Tiéntalo* y verás.

Es suave al tacto.　Es de un tacto suave.　Esto rasca.　¿Se puede tocar?

¿Es suave?　¿Qué tacto tiene?

68. IDENTIFICACIÓN Y CARACTERÍSTICAS PERSONALES

Nombre　　　Apellidos

Luis.　　　　Rodríguez Pérez.

Su nombre, por favor.　(Mi nombre es) Luis Rodríguez Pérez.

¿Cómo se llama?　(Me llamo) Luis Rodríguez Pérez.　RESPUESTAS

¿Cómo / Cuál es su primer apellido?　Rodríguez.

El señor se llama Luis Rodríguez Pérez.　¿Puede vd. deletrearlo?　L-u-i-s …

Lugar de nacimiento.

Nacido en Madrid, provincia de Madrid (España).　RESPUESTAS

¿Dónde ha nacido vd.?　He nacido en …　Nací en …

Fecha de nacimiento.

Nacido el 20 de agosto de 1.970.　RESPUESTAS

¿Cuándo ha nacido (nació) vd.?　(Nací) El 20 de agosto de 1.970.

Edad.

¿Cuál es su edad? ¿Qué edad tiene? ¿Cuántos años tiene?

Tengo 21 años. Mi edad es de 21 años. Acabo de cumplir ...

RESPUESTAS

Voy a cumplir ... Me faltan dos meses para ...

Sexo.

Marque con una X el recuadro correspondiente:

H (Hembra). M (Mujer). Femenino.

V (Varón). Hombre. Masculino. RESPUESTAS

Dirección habitual. RESPUESTA

Vivo en Madrid, n°30 de la plaza / calle / avenida ...

Dirección ocasional. RESPUESTA

Durante el verano (en vacaciones) viviré en Benidorm, en el n° 12 de la Calle del Mar.

¿Dónde vive vd.? ¿Dónde habita? ¿Cuál es su domicilio?

¿Cuál es su dirección? ¿Cuál es su distrito (su código) postal?

(Cualquiera de las anteriores, según convenga).

Teléfono.

¿Cuál es su teléfono? ¿Qué teléfono tiene?

Mi teléfono es 555 23 41.

RESPUESTA

Nacionalidad.

¿De qué país es vd.? ¿De dónde es vd.? ¿Cuál es su nacionalidad?

Española. RESPUESTA

Origen, procedencia, dirección. RESPUESTAS

Vengo de ... Estoy de paso para ... (voy a ...)

Situación familiar.

Su estado civil, por favor. ¿Cuál es su situación familiar?

Soltero. Casado, con tres hijos. Viudo. Divorciado. Separado.

RESPUESTAS

Profesión.

¿Cuál es su profesión? ¿En qué trabaja? Su ocupación habitual.

Empleado de banca. Funcionario. Empresario. Estudiante.

RESPUESTAS

69. CÓMO DESCRIBIR EL CARÁCTER DE UNA PERSONA

Es una persona de carácter. Es una bellísima persona.

Tiene un carácter —
admirable.
afable.
amable (es la amabilidad en persona).
apacible.
bondadoso (es más bueno que el pan*).

Es una buena persona. Tiene madera de santo.* Tiene buen fondo.

Es un tío estupendo.* Es un gran tipo.

Es una gran persona. Es una persona normal, corriente, del montón.

Es muy raro. Es un mal bicho.* Es un malaje.*

Tiene un carácter (es) —
alegre.
simpático.
atractivo.

Tiene un carácter (es) —
triste.
melancólico.
depresivo.

Es la alegría de la casa. Parece un alma en pena.

Tiene simpatía a raudales. Tiene un carácter agrio.

Despierta la simpatía de todos. Está amargado.

Tiene (el) don de gentes. Tiene un humor de perros.*

120

Se gana a todo el mundo.

Es muy cachondo.*

Es una persona muy — brillante. / elocuente.

Sabe lo que quiere y sabe convencer.

Tiene un pico de oro.

No hay quien se le resista.

Tiene un carácter abierto.

Es una persona abierta.

Es asequible.

Está siempre dispuesto a echarte una mano (a ayudarte).

Es muy dinámico.

No se puede estar parado.

Parece de hierro; no se cansa nunca.

Es constante.

Fuerte — (como una mula). / (como un toro).

Es una persona eficaz.

Logra lo que se propone.

Tiene un genio de mil diablos.*

Se lo llevan los demonios.*

No hay quien lo aguante.

Tiene muy mala índole.

Es muy — oscuro. / apocado (tímido, anodino).

Es poquita cosa, del montón.*

Tiene un carácter orgulloso.

Es de un carácter distante / seco / duro.

Es muy estirado.*   Es intratable.

Es muy echado para atrás.*

No se digna dirigirte la palabra.

Te mira por encima del hombro.

Es un pasota.*

Es muy flemático / tranquilo.

Es inconstante / débil.

Propenso al desánimo.

Cede ante la menor dificultad.

Es un inútil.

Tiene un carácter pendenciero.

Es muy mujeriego.

Es muy dado al alcohol / a la bebida.

Le gusta la bronca.

70. CÓMO EXPRESAR LAS CARACTERÍSTICAS FÍSICAS DE UNA PERSONA

ⓐ Aspecto general, salud, presencia.

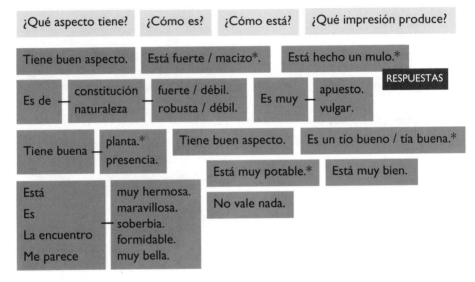

ⓑ Estatura, talla.

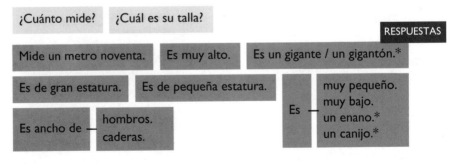

ⓒ Peso.

¿Cuánto pesa?   ¿Cuál es su peso?

Pesa 50 kilos. Tiene el peso ideal. Pesa 90 kilos. Está sobrado de peso (kilos).

Tiene que adelgazar. Está en los huesos. Es una vaca.*

Está (muy) / Es (muy) — grueso / delgado. gordo / flaco. Está* — redondo. cuadrado. Está hecho una — foca.*

RESPUESTAS

Es una persona obesa; ronda / anda por los 100 kilos.

d Edad.

¿Qué (cuántos) años tiene? ¿Qué edad tiene?

RESPUESTAS

Tiene 20 años. Es muy joven. Está en su primera juventud.

Está en plena juventud. Está en la flor / en lo mejor de su vida.

Está en la — infancia. pubertad. adolescencia. juventud. edad madura. vejez. senectud.

Los 40 ya no los cumple. Ya no eres un niño.

Ya le han caído 50 castañas (tacos).*

Es una persona de cierta edad.

Es un cincuentón / octogenario.

Anda por* / Debe estar por* — los 40. / Ronda*

Está para sopitas y buen vino.*

Es un anciano / viejo.

Es una persona — entrada en años. de edad avanzada. de edad provecta.

Ya no tienes edad de … / para …

Ha llegado a la tercera edad.

No tiene edad suficiente para … No tengo la edad necesaria para …

e Cabello.

¿A qué peluquería vas? Cortar y peinar. Lavar y peinar.

Tiene un cabello / Tiene un pelo — fino. seco. graso. Es — pelirrojo. moreno. rubio. Se ha cortado el — cabello. pelo.

123

Tiene el pelo —
moreno.
negro.
castaño.
rubio.
con mechas.
liso.
rizado.
ondulado.
pelirrojo.
....

Se lo ha teñido. Se ha hecho la permanente.

Va peinada a lo afro.

Se ha dejado barba y bigote.

Se ha arreglado las manos. Se ha hecho las manos / las uñas.

Se ha arreglado / cortado / pintado las uñas. Se maquilla muy bien.

Le cae muy bien el maquillaje. Va muy bien arreglada.

f Indumentaria.

¿Cuáles son sus medidas? ¿Cuál es su talla? ¿Qué me pongo para la fiesta?

¿Tengo que ir de gala / de chaqué?

Se le ruega asista —
de etiqueta.
con traje oscuro.

Es muy —
elegante / chic.
desordenado / desastroso.

Viste muy —
bien.
mal.

Es un —
desastre.
extravagante.

Va a la última. Se viste en ... (nombre de la casa). Está hecho un figurín.*

Se gastó un dineral en trapos.* Eso no te pega / va nada. Viste de esport.

La chaqueta —
le cae
le va
le sienta

bien / mal.

fatal.

Se hace / encarga la ropa a medida.

Los zapatos no hacen juego con el traje.

Lleva una corbata (muy) —
lucida.
vistosa.
elegante / extravagante.

La próxima temporada se llevará el azul. Este señor viste muy clásico.

La moda cambia más para la mujer que para el hombre.

Usa camisas y corbatas de seda. Se ha probado la falda y no le va; le viene grande.

71. APROBAR O DESAPROBAR LO QUE UNO MISMO U OTRO HA HECHO ....

ⓐ Lo que otro ha hecho.

• APROBAR.

Cuando alguien ha hecho bien lo que tiene que hacer, se dice:

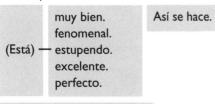

| (Está) | muy bien. fenomenal. estupendo. excelente. perfecto. | Así se hace. |

Lo ha hecho vd. muy bien.

Si lo ha hecho de forma extraordinaria y merece más de una simple aprobación (véase 12,"Felicitar").

• DESAPROBAR.

Cuando alguien ha hecho mal lo que tiene que hacer, se dice:

- En cosas pequeñas.

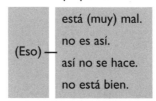

| (Eso) | está (muy) mal. no es así. así no se hace. no está bien. |

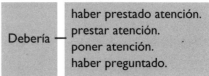

| Debería | haber prestado atención. prestar atención. poner atención. haber preguntado. |

Debe pensar en lo que hace.

Debo decirle que su trabajo deja mucho que desear.

Debo decirle que no estoy satisfecho.

No debía haberlo hecho así.

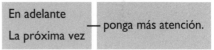

| En adelante La próxima vez | ponga más atención. |

- En cosas de mucha importancia (o que a uno le ha molestado mucho).

Esto es muy grave.

Es vd. un irresponsable.

Esto no puede seguir así.

Es inadmisible / inaudito.

Esto no tiene nombre.

Estoy muy enfadado / furioso / negro*.

Me veo obligado a llamarle seriamente la atención.

Me veo obligado a apercibirle.

En un estadio intermedio en que la acción no está ni demasiado bien ni demasiado mal:

Está bien pero debe mejorarlo / esforzarse más / perfeccionarlo.

No está mal del todo. Para ser la primera vez puede pasar.

Tiene algún defecto pero se ve buena voluntad. Por ser la primera vez, pase.

ⓑ Lo que uno mismo ha hecho.

• APROBAR

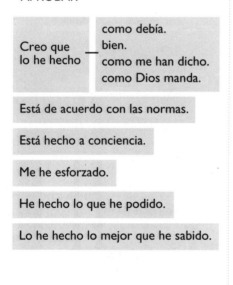

Creo que lo he hecho — como debía. / bien. / como me han dicho. / como Dios manda.

Está de acuerdo con las normas.

Está hecho a conciencia.

Me he esforzado.

He hecho lo que he podido.

Lo he hecho lo mejor que he sabido.

• DESAPROBAR.

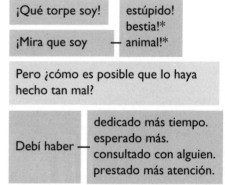

¡Qué torpe soy! / ¡Mira que soy — estúpido! / bestia!* / animal!*

Pero ¿cómo es posible que lo haya hecho tan mal?

Debí haber — dedicado más tiempo. / esperado más. / consultado con alguien. / prestado más atención.

Hubiera sido mejor no haberlo hecho.

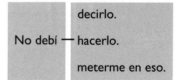

No debí — decirlo. / hacerlo. / meterme en eso.

72. HABLAR DE LO QUE UNO DEBE O NO DEBE HACER (véase 32 ⓑ)

Las expresiones expuestas a continuación, se sobreentiende que son exclusivas de cada uno y que no incumben a los demás. En general son bastante bruscas y conviene usarlas con mucha prudencia.

ⓐ **Lo que uno mismo tiene que hacer; lo que le concierne.**

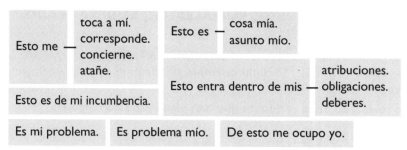

Esto me — toca a mí. / corresponde. / concierne. / atañe.

Esto es — cosa mía. / asunto mío.

Esto es de mi incumbencia.

Esto entra dentro de mis — atribuciones. / obligaciones. / deberes.

Es mi problema.   Es problema mío.   De esto me ocupo yo.

ⓑ **Lo que uno mismo no tiene que hacer; lo que no le concierne.**

La negativa a las frases de ⓐ y ...

Yo ahí no pinto nada.*   Nadie me ha pedido consejo.   Ni me va ni me viene.

No quiero meterme en camisa de once varas.*   Esto no va / reza conmigo.*

No me meto donde no me llaman.

ⓒ **Lo que otro tiene que hacer; lo que le concierne.**

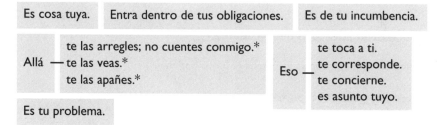

Es cosa tuya.   Entra dentro de tus obligaciones.   Es de tu incumbencia.

Allá — te las arregles; no cuentes conmigo.* / te las veas.* / te las apañes.*

Eso — te toca a ti. / te corresponde. / te concierne. / es asunto tuyo.

Es tu problema.

ⓓ **Lo que otro no tiene que hacer; lo que no le concierne.**

En general, la negativa a las frases de ⓒ

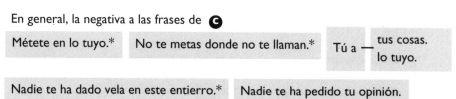

Métete en lo tuyo.*   No te metas donde no te llaman.*   Tú a — tus cosas. / lo tuyo.

Nadie te ha dado vela en este entierro.*   Nadie te ha pedido tu opinión.

Zapatero a tus zapatos.* Lo estás haciendo fuera del tiesto.*

Te estás saliendo del tiesto* / de madre.*

¿Qué tienes tú que ver en esto? Tú déjalo, que ya habrá quien se ocupe de ello.

73. EXPRESAR EL DISGUSTO, EL MALESTAR, EL DESAGRADO, EL FASTIDIO (véase 59) ....

Las expresiones que siguen pueden servir para cualquiera de los tres apartados en que están divididas, aunque son más propias del apartado en que van expuestas.

a **Como resultado de la conducta que han observado con alguien.**

Me disgusta cómo se han portado contigo. Me siento incómodo cuando lo veo.

No me gustan las medidas que han tomado.

Me duele
Me ha dejado muy dolido
Me llega al corazón — que os traten como a extraños.
Me parte el corazón

Me produce un gran pesar cuando pienso en ello.

Me sabe a cuerno quemado que ...*

En mala hora le dije que sí.

Me da
Me produce
asco.
repugnancia.
amargura.
desazón.
mal sabor de boca.
sinsabor.

b **Como actitud ante algo desagradable.**

Es duro enfrentarse todos los días a la triste realidad.

Esto es desagradable / repugnante / detestable. Está molesto por tu actitud.

Es el mayor disgusto que se le puede dar.

c **Como actitud ante una perspectiva desagradable.**

Es para mí una verdadera pesadilla. Me quita el sueño.

Me fastidia tener que hacerlo. Me contraría mucho tener que salir a recibirlos.

Tiene mala sombra que vayan a construir precisamente allí.*

74. DECIR LO QUE A UNO LE GUSTA O NO LE GUSTA

(Véase también: placer, preferencia, amor, simpatía y contrarios).

Para indicar lo que a uno no le gusta (personas o cosas) se usan las expresiones de sentido contrario que van entre paréntesis.

Me gusta
(No me gusta) — la música moderna.
(Me desagrada)

Adoro
(Aborrezco) — las puestas de sol.
(Detesto)

Me agrada
Me mola* — el ambiente.
(Me desagrada)
(Me disgusta)

Es un placer
(Es un tormento) — conducir este coche.

El ambiente — es chachi.*
(es aburrido.)

Me complace — veros a todos juntos.
(Me disgusta)

Estoy satisfecho — de los resultados.
(Estoy decepcionado)

José — me cae bien.
me cae en gracia.
(me cae mal.)
(me cae gordo.)
(se me atraganta.)

Me chifla*
(No me gusta) — ir de excursión.
(Me repatea)*

Eso — tiene para mí un atractivo especial.
(me repugna.)

Quedé hechizado con
Quedé prendado por — su belleza.
(Me decepcionó)

Está loco
(No tiene interés) — por el tenis.

La pintura del Greco — me encanta.
(no me satisface.)
(me deja indiferente.)
(me deja frío).

Tomar un baño después del paseo — es gratificante.
(es molesto.)

Es fanático de
— los coches de carreras.
las motos.
(No le importan) los Rolling Stones.

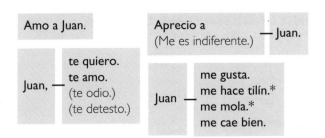

Amo a Juan.	Aprecio a (Me es indiferente.) — Juan.

Juan, —	te quiero. te amo. (te odio.) (te detesto.)
Juan —	me gusta. me hace tilín.* me mola.* me cae bien.

75. HACER UN JUICIO SOBRE ALGO O ALGUIEN
(Véase también: 58 **c** , 62 **c** ...).

Con relación a la impresión que nos ha causado.

Hablando de:

a **Un acontecimiento, libro, película, conferencia, concierto, etc.**

Me ha gustado mucho.   Me ha encantado.   Me lo he pasado bomba / genial.*

He disfrutado horrores.*   Era fabuloso/magnífico/estupendo/extraordinario/maravilloso.

Me ha gustado.   No me he aburrido.   Me he entretenido.   No estaba mal.

He pasado el tiempo.   Era interesante.   Podía pasar.

No era nada extraordinario / del otro mundo.

No me ha gustado.   Me he aburrido.   Carecía de interés.

Si no hubiera ido, no habría perdido nada.   Era muy monótono.

No tenía intriga.   Le faltaba garra.

Me ha disgustado / desagradado.   Si lo sé no vengo.

No sé cómo se atreven a hacer tal cosa.   No me volverán a engañar otra vez.

He sentido vergüenza ajena.   No tenía ningún interés.

Era soporífero / un plomo* / un petardo* / insoportable / inaguantable.

Me pareció indigno / ridículo / horroroso.

ⓑ Objetos, cosas tales como obras de arte, ciudades, paisajes ...

Se puede aplicar la mayoría de los adjetivos y expresiones anteriormente expuestas.

> Me ha encantado; es una ciudad maravillosa.

> Me disgusta; es horroroso.

> No tiene gran interés pero no deja de gustar.

ⓒ Personas (véanse los actos anteriormente indicados y el 69).

76. CÓMO INDICAR LA POSESIÓN

Para indicar la posesión podemos emplear alguna de las estructuras siguientes:

ⓐ Con verbos que indiquen la idea de posesión o pertenencia.

> Tenemos unos amigos estupendos.

> Poseemos la hacienda desde hace años.

> Esta casa es propiedad del ayuntamiento.

> Eso me pertenece, lo he encontrado yo.

ⓑ Con la preposición "de".

> Estos cigarrillos son de Pepe.

> Ahí viene la mujer del panadero.

> Se ha roto la pata de la mesa.

ⓒ Con el verbo "ser" y el nombre o pronombre.

> Estos libros son de Paco.

> El cuadro es del museo.

> El coche será tuyo.

ⓓ Por medio de los posesivos.

> Mis libros están sobre tu mesa.

> Los suyos (de él, de ella, de ellos, de ellas, de vd., de vds.) sobre la mía.

> Nuestros bisabuelos debían de ser muy trabajadores.

Ponemos en esquema los casos de mayor dificultad; son los siguientes:

Su	Pedro lee su libro.	de él
Su	Vd. y su esposa.	de vd.
Su	Vds. van a su ciudad.	de vds.
Su	Juan y María vinieron con su hijo.	de ellos
Sus	Andrés recogió sus zapatos.	de él
Sus	Vd. y sus asuntos.	de vd.
Sus	Vds. y sus asuntos.	de vds.
Sus	Juan y María vinieron con sus hijos.	de ellos

El suyo La suya	Aquí están los premios; como Pedro no está le guardaré el suyo.	de él de ella
El suyo La suya	Vds. vienen a nuestra casa y nosotros a la suya.	de vds.
El suyo La suya	Ellos han hospedado a nuestra hija y nosotros a la suya.	de ellos

Los suyos Las suyas	Enrique pagó nuestros aperitivos y nosotros los suyos.	de él
Los suyos Las suyas	Si vd. vigila ahora nuestras maletas, después vigilaremos las suyas.	de vd.
Los suyos Las suyas	Si vigilan ahora nuestras maletas, después vigilaremos las suyas.	de vds.
Los suyos Las suyas	Vinieron a vernos y nuestros hijos estuvieron con los suyos.	de ellos

El contexto puede indicar que el poseedor sea la (o las) persona con la que se habla.

Actos de comunicación con relación al tiempo

Actos de comunicación con relación al tiempo

77. CÓMO EXPRESAR LAS MEDIDAS DEL TIEMPO

a En general.

Para describir algo en el tiempo disponemos del vocabulario que reflejan las siguientes expresiones:

La **fecha** del acuerdo es reciente.

La **época** en que nos ha tocado vivir.

Ahora es el **momento**.

Abarca un **periodo** de cinco años.

En el **pasado** el hombre vivió en las cavernas.

En el **presente** vive en columnas en forma de rascacielos.

En el **futuro** vivirá en las profundidades del mar.

¡Vaya un **porvenir** que nos aguarda!

La gloria de la guerra es **efímera**.

A veces lo **provisional** es más duradero que lo fijo.

Hizo un contrato **temporal**.

El reloj nos indica las **horas, minutos y segundos** con exactitud.

En los deportes se emplea el **cronómetro**.

El **día** más largo.

Comer y dormir son necesidades **diarias**.

El trabajo dura una **semana**.

Informe **semanal**.

Recibo **mensual**.

Exámenes del primer **trimestre**.

Calificación **trimestral**.

Una vez al **año** ...

El coste **anual** del alquiler.

Tiene dos **trienios** de antigüedad.

Por cada **periodo quinquenal** cobra una prima.

Estamos en el último **decenio (la última década)** del siglo XX.

Una tradición **secular** cuenta que ...

Volar ha sido el sueño **milenario** del hombre.

Dentro de unos años entraremos en el tercer **milenio**.

ⓑ El año geológico y el calendario.

El año se divide en cuatro **estaciones** (**primavera, verano, otoño, invierno**); cada una comprende tres **meses**; la luna, al dar la vuelta a la tierra durante un mes, nos muestra sus diferentes **fases: luna nueva, cuarto creciente, luna llena** o **plenilunio** y **cuarto menguante.**

ⓒ En la historia.

Para estudiar la historia se la divide en **edades** que van desde la noche de los tiempos , la **prehistoria**, hasta las más próximas a nosotros, **antigua, media, moderna** y la que estamos viviendo, la **época actual** o **contemporánea.**

ⓓ En la vida humana y social.

ⓔ El tiempo atmosférico (véase 67).

ⓕ La fecha y la hora (véase 78).

78. CÓMO SITUAR UNA ACCIÓN EN EL TIEMPO

ⓐ En general.

A las 5 de la tarde.	Desde el domingo.	En el siglo XIX.	A finales de …

A mitad de / A mediados de — mes. julio.	El sábado.	Algunas veces.	Hacia las tres.

En Navidad.

A fin de — mes. / A finales de año.	A finales de mayo.

De tiempo en tiempo.	En pocas ocasiones.	A mediodía.	En primavera.

A principios de …	Por Todos los Santos.	En 1991.

Cada año.	Casi nunca.	De tarde en tarde.	Nunca.	Hacia la media noche.

De aquí a las tres.	En el mes de junio.	Al principio de …	Al final de …

Por Navidad.	A todas horas.	La mayor parte del tiempo.	Casi siempre.

Raras veces / Rara vez.	Siempre.	De Pascuas a Ramos.*	De higos a brevas.*

ⓑ En una hora determinada.

Indicación de la hora.

Es la una …	Faltan cinco minutos para las 10.	Han dado las 12.

136

| | | Es mediodía / medianoche. | Son las 7 en punto. |

Son las cinco —
- menos cuarto.
- y cuarto.
- menos 20.
- y 20.

Es mediodía / medianoche.

Son las 7 en punto.

Son las 3 —
- de la mañana.
- de la madrugada.

Van a dar las 12.

Indicación de la hora en la que ocurre la acción.

El tren —
- llega a las cuatro y 20.
- sale a la una y media.

Llegó cuando faltaban dos minutos.

A las 3 de la madrugada termina el turno.

A mediodía se hace una pausa / se corta* para comer.

Iban a dar las 9.

A las 5 en punto de la tarde suelen empezar los espectáculos taurinos.

© En una fecha concreta (Considerando el presente como "aquí" y "ahora").

Indicación de la fecha en la que ocurre la acción.

En abril de 1933 se proclama la república.

El segundo domingo de octubre.

Nació el 20 de mayo de 1950.

Madrid a 3 de julio de 1991.

Llegará en el mes de diciembre.

Vendrá la próxima semana.

Hace 15 días compré el coche.

En el siglo pasado no había aviones.

Me voy dentro de 15 minutos.

En tres minutos estoy contigo.

Estaré allí hasta Navidad.

Hoy es el 3 de agosto de 1991.

Estamos a …

Ayer me fui de pesca.

Mañana tengo oficina.

Anteayer vi a mis amigos.

Pasado mañana se van de viaje.

ⓓ Desplazando el momento actual al pasado o al futuro.
(El punto de partida, de referencia, es el momento de la locución o el indicado en ella.)

El 23 de febrero del 2020 será un gran día para la humanidad.

El día anterior
La víspera
— se reunirán todos los jefes de gobierno en Moscú.

El
Al
— día siguiente reinará la paz en el mundo entero.

El / Al día siguiente reinará la paz en el mundo entero.

El resumen de las transformaciones con respecto al apartado **c** es el siguiente:

Presente como actual.	Presente desplazado (al pasado o al futuro).
Ahora, en este momento.	Entonces, en aquel momento.
Hoy.	Aquel día.
Ayer.	La víspera.
Mañana.	El día siguiente.
Hace 10 años.	10 años antes.
Dentro de 8 días.	8 días después / más tarde.
De aquí a una semana.	Una semana más tarde.
El año próximo.	El año siguiente.

e **Forma personal de apreciar la situación de una acción en el tiempo.**

He llegado tarde.   Han venido antes de tiempo.

Es muy puntual; siempre llega a la hora exacta.

Acostumbra llegar con cinco minutos de retraso / adelanto.

Llega siempre muy tarde por la noche.   Mañana llegarás antes.

79. CÓMO EXPRESAR QUE UNA ACCIÓN SE REALIZA ANTES QUE OTRA

Nos abrochamos / ponemos los cinturones **antes de que** el avión aterrice.   antes de que + subjuntivo

El avión gira varias veces **antes de aterrizar**.   antes de + infinitivo

Estaré dormido **cuando** vuelvas.   Trabajó **hasta que** llegó su marido.

Lee en el metro **hasta que** le toca bajar.   Preparamos todo **antes del viaje**.

Charlaban **esperando que** su hijo bajara del avión.   Lloró **hasta la vuelta** de su hijo.

80. CÓMO EXPRESAR QUE UNA ACCIÓN SE REALIZA AL MISMO TIEMPO QUE OTRA

En el momento en que entró el bandido, Bond sacó el revolver.

En el momento en que aprietes el gatillo, saldrá el tiro.   Leía cuando entró.

Me iré cuando vengas.   Mientras duermes, trabajamos.

Mientras duermas, trabajaremos.   Al abrir la puerta he visto un ratón.

Al salir cierras / cerrarás la ventana.   Trabajo escuchando la radio.

Trabaja cantando.   Leo al mismo tiempo que tú.

Leemos a la vez / simultáneamente.   Simultanea el trabajo y el placer.

81. CÓMO EXPRESAR QUE UNA ACCIÓN SE REALIZA DESPUÉS QUE OTRA

Nos soltamos el cinturón sólo cuando el avión ha aterrizado.

Cuando termino de comer me echo la siesta.

Cuando hayas acabado de leer este libro, te dejaré otro.

Hablo después que él se ha callado.   Hablo tan pronto como se calla.

Hablaré después que se calle.   Hablaré tan pronto como me lo indique.

Desde que me meto en el avión me pongo a temblar.

Desde que venga no dejará de contar historias.

Después de su llegada no pudimos hacer nada.

Una vez que terminó su trabajo se puso a jugar.

Apenas lo vio se dirigió hacia él.

Ahora que ya lo hemos decidido, tú te arrepientes.

Después de cerrar la puerta se fue.

82. CÓMO EXPRESAR LA DURACIÓN DE UNA ACCIÓN

Para responder a las preguntas:

¿Desde cuándo ...?   ¿Después de cuánto tiempo ...?   ¿En qué tiempo ...?

¿Durante cuánto tiempo ...?   ¿Dentro de cuánto tiempo ...?   ¿Cuándo ...?

¿Cuánto tiempo hace que ...?   ¿Cuánto tiempo ha pasado desde ...?

¿Cuánto tiempo dura ...?   ¿Cuánto tiempo va de ...?

¿Queda mucho tiempo para ...?   ¿Cada cuánto tiempo ...?   ¿Va para largo...?

¿Continúa aún ...?   ¿Se va a prolongar mucho ...?   ¿Hasta cuándo ...?

¿Para cuánto tiempo ...?   ¿Por cuánto tiempo ...?   ¿Queda mucho para ...?

¿Qué tiempo falta para ...?   ¿Cuánto lleva de aquí a ...?   ¿Qué se tarda en ...?

Disponemos de las expresiones siguientes:

RESPUESTAS

Hace 10 minutos que se ha ido.   Lleva trabajando dos días.

Ha estudiado / Estudia
- durante toda la mañana.
- toda la mañana.
- durante horas.
- horas y horas.
- de vez en cuando.

Pasea una hora todos los días.

Lo haré (durante)
- mucho tiempo.
- algún tiempo.
- poco tiempo.

Te esperaré hasta
- las tres.
- que vengas.

No lo haré nunca.

Esto dura ya 10 años y va para muchos más.

Voy a ir
- una semana.
- por una semana.
- para una semana.
- durante una semana.

Todavía tengo para rato.

Aún sigue
- nevando.
- allí.

Me quedo 15 minutos más.   No me iré hasta que no lo haya logrado.

No lo veo desde
- su boda.
- esta mañana.
- que te fuiste.

Canta desde hace 1 hora.

Vive lo que viven las rosas.

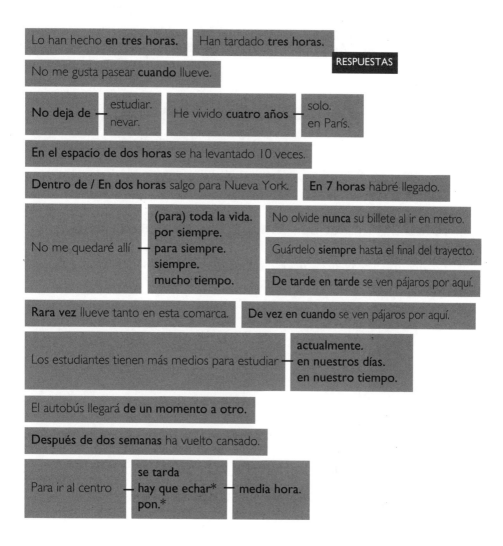

Lo han hecho **en tres horas.**   Han tardado **tres horas.**

No me gusta pasear **cuando** llueve.

No deja de — estudiar. / nevar.   He vivido **cuatro años** — solo. / en París.

En el espacio de dos horas se ha levantado 10 veces.

Dentro de / En dos horas salgo para Nueva York.   **En 7 horas** habré llegado.

No me quedaré allí — (para) toda la vida. / por siempre. / **para siempre.** / **siempre.** / **mucho tiempo.**

No olvide **nunca** su billete al ir en metro.

Guárdelo **siempre** hasta el final del trayecto.

De tarde en tarde se ven pájaros por aquí.

Rara vez llueve tanto en esta comarca.   **De vez en cuando** se ven pájaros por aquí.

Los estudiantes tienen más medios para estudiar — **actualmente.** / **en nuestros días.** / **en nuestro tiempo.**

El autobús llegará **de un momento a otro.**

Después de dos semanas ha vuelto cansado.

Para ir al centro — se tarda / hay que echar* / pon.* — **media hora.**

83. CÓMO EXPRESAR LA SUCESIÓN DE LAS ACCIONES Y SU TERMINACIÓN

En primer lugar ...   **después** ...   **a continuación** ...   **seguidamente** ...

finalmente ...   **hasta que** ...   y se deja pasar el tiempo **hasta que** se acaba.

Dejó de trabajar después del accidente.   El museo está abierto **hasta** las siete.

Ya no hay lecherías en el centro de las ciudades.   **Por fin** ha logrado terminar.

Por fin ha tenido éxito.

141

84. CÓMO EXPRESAR EL RITMO, LA PROPORCIÓN CON QUE SE REALIZAN LAS ACCIONES

Todos los días.	Cada dos horas.	Al día / Por día.	A la hora / Por hora.

Al minuto / Por minuto.	Cada vez más.	Cuanto más … más …

Cuanto menos … menos …	Cuanto más … menos …

Cuanto menos … más …	Uno tras otro.	Año tras año.	Ya … ya …

85. CÓMO EXPRESAR LOS MOMENTOS DE DESARROLLO DE UNA ACCIÓN

La acción puede presentarse como de realización próxima, en acto de realización o acabada de realizarse.

ⓐ Acción que se va a realizar próximamente.

Pronto **me iré** de vacaciones.	Os **voy a decir** lo que pienso.

¡Cuidado! No te **vayas a caer**.	Está **a punto de** marchar.	¡Ya voy!

Vuelvo enseguida.

ⓑ Acción que se está realizando.

Ahora lee / **está leyendo**.	**Aún** está ahí; **todavía** no se ha ido.

Comienzo / Empiezo a comprender lo difícil que es esta cuestión.

He empezado a escribir a máquina.	**Continúa escribiendo** su novela.

ⓒ Acción que se ha realizado recientemente.

Acaba de terminar el libro.	**Acabo de desayunar**.

Como os he dicho **hace un momento**.	Como **decíamos ayer**.

Acabo de verlo hace un minuto.	**Ha terminado de hablar hará dos minutos**.

Hace un instante estaba aquí.	**En este mismo momento** se ha ido.

Actos de comunicación con relación al espacio

30km.

8

Actos de comunicación con relación al espacio.

El objeto de estos actos de comunicación es poder contestar (o formular) estas preguntas:

¿Dónde, en dónde ...?	(86)
¿Adónde, de dónde, por dónde, a través de ...?	(87)
¿A qué distancia está ...?	(88)
¿Cuánto mide, qué dimensiones tiene ...?	(89)
¿Cómo es, qué forma tiene, de qué forma es ...?	(90)

86. CÓMO INDICAR DÓNDE ESTÁN SITUADAS LAS COSAS (PERSONAS, ANIMALES, OBJETOS)

Responde a la pregunta ¿Dónde, en dónde ...?
Tomando como punto de referencia un "centro imaginario", las situaciones que pueden ocupar son principalmente:

a) Respecto a una perspectiva **horizontal**
   izquierda - centro - derecha   al oeste - al este
   delante - centro - detrás   enfrente

b) Respecto a una perspectiva **vertical**
   arriba - centro - abajo   encima - sobre - en el medio - bajo

c) Respecto a una perspectiva **central** propiamente dicha
   exterior - interior
   próximo a - en el centro - alejado de
                alrededor de
   junto a - al lado de - en la cercanía - distante

d) Otras localizaciones

ⓐ Respecto a una perspectiva horizontal.

Izquierda			al oeste	
a izquierda	a mano izquierda		a occidente	(con relación al norte)
a la parte izquierda	a babor	(en navegación)	a poniente	

145

Derecha

a la derecha   a mano derecha   al este

a la parte derecha   al lado derecho   a oriente   (con relación al norte)

a estribor   (en navegación)   a saliente

Delante

cara a cara   vis a vis   enfrente   frente a   de cara a   delante

a esta parte   más acá   en la parte anterior   en la parte de aquí / delantera

antes de   a proa   (en navegación)

Detrás

detrás   tras   atrás   en la parte posterior / trasera   después de

a popa.   (en navegación)

ⓑ Respecto a una perspectiva vertical.

Arriba

encima   sobre   en / en lo alto   allí arriba   en la cima / en la cumbre

en el cénit ◊   al norte   en las alturas   en el cielo   por las nubes

en la parte — superior. / alta. / de arriba.   está — alto. / arriba. / levantado.   inaccesible   inalcanzable   flotante   sobresaliente

por encima

Abajo

debajo   bajo la / el   el bajo   en lo profundo   por debajo   por lo bajo

arrastrarse por los suelos   sur (mediodía)   austral   nadir ◊

en la parte — baja. / inferior. / de abajo.   está — bajo. / hundido. / abajo.

146

C **Respecto a la perspectiva central propiamente dicha.**

Centro (interioridad)

| interior / en el interior de | dentro de | en | en el medio | en la mitad |

| parte céntrica | parte central | punto céntrico | corazón | ombligo |

| entrañas | núcleo | foco | eje | centrar | concéntrico |

Cerca (proximidad)

| junto a | próximo | cercano | contra | al lado | inmediato | contiguo |

| alrededor (de) | a las puertas | en puertas | a mano | rayano◊ | lindante◊ |

| a poca distancia | en las cercanías | al principio de | limítrofe | entorno |

| contorno | a lo largo de |

Lejos (lejanía)

| alejado | distante | apartado | en las afueras | extramuros | separado |

| en lontananza | estar lejos | perderse de vista | remoto | retirado |

| en el extremo | allí / allá | aparte | fuera del alcance | lejísimos |

| lejano | en la lejanía | donde Cristo dio las tres voces* | en el quinto infierno* |

Fuera (exterioridad)

| exterior | en el exterior de | lugar externo | afuera | por fuera |

| aparte | de cada lado |

D **Otras localizaciones** (se trata generalmente de localizaciones indefinidas).

| en lugar de | en algunos lugares | en otra parte | en cualquier parte |

| en ninguna parte | en todas partes | dondequiera | por doquier | por ahí |

| en ciertos lugares | en una y otra parte |

87. CÓMO INDICAR LOS DESPLAZAMIENTOS

ⓐ Destino.

¿Adónde ir? ¿Para dónde ir?

RESPUESTAS

Va a Lisboa. Se marchó a su casa. Salió / Partió para Italia.

Se ha ido a la mili. Lo llevó hasta la policía. Lo han trasladado a Sevilla.

ⓑ Dirección.

¿Hacia dónde dirigirse?

RESPUESTAS

Viene hacia nosotros. Se dirige hacia aquí. Se volvió contra el que lo maltrataba.

ⓒ Origen , procedencia, punto de partida.

¿De dónde viene? ¿De dónde procede?

RESPUESTAS

Vuelve de la guerra. Viene del balneario. Regresa de veraneo.

Procede de San Sebastián. Es oriundo de América. Comienza en Chamartín.

Sale de Atocha. El tren proveniente de / procedente de ... llega a las ...

Viene de / desde muy lejos.

ⓓ Direcciones que se han de tomar.

¿Por dónde debo ir?

RESPUESTAS

Vaya por la calle X. Atraviese la calzada. Marche a la izquierda unos 50 metros.

Al llegar a la plaza, atraviésela / crúzela. Ábrase camino entre la multitud.

Tome el camino de la catedral. Esa calle le llevará adonde vd. desea.

Este autobús le llevará donde vd. desea. Marche por la acera.

Vaya a / hacia donde vd. quiera.

88. CÓMO INDICAR LA DISTANCIA

ⓐ Grandes distancias (Véase 86).

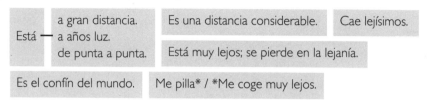

Está — a gran distancia. / a años luz. / de punta a punta.

Es una distancia considerable.

Cae lejísimos.

Está muy lejos; se pierde en la lejanía.

Es el confín del mundo.

Me pilla* / *Me coge muy lejos.

ⓑ Pequeñas distancias.

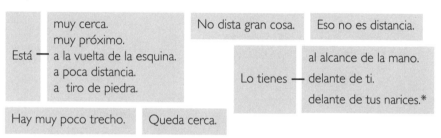

Está — muy cerca. / muy próximo. / a la vuelta de la esquina. / a poca distancia. / a tiro de piedra.

No dista gran cosa.

Eso no es distancia.

Lo tienes — al alcance de la mano. / delante de ti. / delante de tus narices.*

Hay muy poco trecho.

Queda cerca.

ⓒ Distancia grande o pequeña.

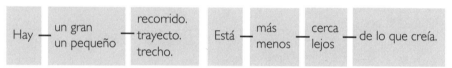

Hay — un gran / un pequeño — recorrido. / trayecto. / trecho.

Está — más / menos — cerca / lejos — de lo que creía.

ⓓ Una distancia sin especificar si es grande o pequeña.

Entre Madrid y Cádiz hay más de 600 kms.

La distancia que hay entre Madrid y Cádiz es de más de 600 kms.

La distancia entre Madrid y Cádiz debe de andar* sobre los 600 kms. o algo más.

Madrid dista de Cádiz más de 600 kms.

Cádiz está a más de 600 kms. de Madrid.

ⓔ Igual distancia.

Los Nuevos Ministerios — están a la misma distancia — de Chamartín — que — de Atocha. / equidistan ◊ — y

Los extremos equidistan / son equidistantes del centro.

ⓕ Comparación de distancias (véase 94).

149

CÓMO INDICAR LAS MAGNITUDES, DIMENSIONES Y MEDIDAS

ⓐ En general.

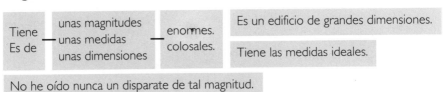

| | unas magnitudes | | enormes. | Es un edificio de grandes dimensiones. |

Tiene
Es de — unas magnitudes / unas medidas / unas dimensiones — enormes. / colosales.

Es un edificio de grandes dimensiones.

Tiene las medidas ideales.

No he oído nunca un disparate de tal magnitud.

ⓑ Cómo expresar algunas magnitudes.

Longitud

La carretera tiene una longitud de 300 kms.

La longitud de este edificio es de 250 mts.

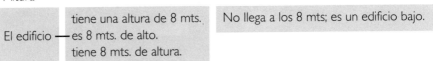

Este tramo de carretera — tiene / mide 10 kms. (de longitud). / es de una longitud de 10 kms. / no es muy largo; es más bien corto.

Altura

El edificio — tiene una altura de 8 mts. / es 8 mts. de alto. / tiene 8 mts. de altura.

No llega a los 8 mts; es un edificio bajo.

Anchura

La calle tiene una anchura de 5 mts.   Es cinco mts. de ancha.

Mide 5 mts. de ancho.   Para ser una calle principal es estrecha.

Profundidad

El pozo no tiene suficiente profundidad.

Tiene una profundidad de 1'5 metros.

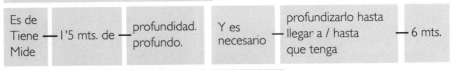

Es de
Tiene — 1'5 mts. de — profundidad. / profundo.
Mide

Y es necesario — profundizarlo hasta / llegar a / hasta / que tenga — 6 mts.

Así como está es poco profundo, es muy superficial.

Grosor

La viga tiene un grosor / espesor de 30 cms. | Es 30 cms. de gruesa.

No es lo bastante gruesa para tanto peso; es delgada / fina.

Es de		grosor.
Tiene	—30 cms. de —	espesor.
Mide		grueso.

Extensión, superficie

El solar mide / tiene 1.000 m^2. | Su superficie es de 1.000 m^2.

Es de		superficie.
Tiene	— 1.000 m^2 de —	extensión.
Mide		

Es de una superficie / extensión de 1.000 m^2.

Para construir / edificar una torre es de una extensión más bien escasa / pequeña; pero para la casa de un peón caminero es excesivamente grande.

Tamaño, grandeza

Es una mesa de gran tamaño; sirve / es suficiente para 20 personas.

	más pequeña.
Queremos una mesa —	menor.
	no tan grande.

No necesitamos una mesa tan grande.

Capacidad

El depósito de este coche tiene una capacidad / cabida de 60 litros.

En este depósito caben 60 litros. | Es un depósito de 60 litros de capacidad.

Puede contener 60 litros. | Han construido un pantano de 60 millones de m^3.

Temperatura

	hay		20 grados.
Hoy —	hace	—	(de temperatura).
	tenemos		

La temperatura es de 20 grados.

Hace casi calor con 20 grados; no necesitamos encender la calefacción.

151

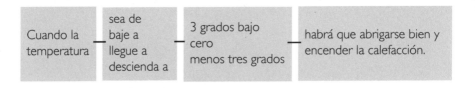

| Cuando la temperatura | sea de / baje a / llegue a / descienda a | 3 grados bajo cero / menos tres grados | habrá que abrigarse bien y encender la calefacción. |

Velocidad

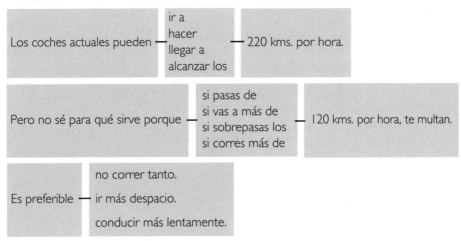

| Los coches actuales pueden | ir a / hacer / llegar a / alcanzar los | 220 kms. por hora. |

| Pero no sé para qué sirve porque | si pasas de / si vas a más de / si sobrepasas los / si corres más de | 120 kms. por hora, te multan. |

| Es preferible | no correr tanto. / ir más despacio. / conducir más lentamente. |

90. CÓMO EXPRESAR LAS FORMAS

ⓐ En general.

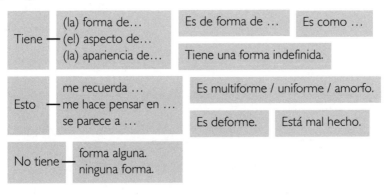

| Tiene | (la) forma de… / (el) aspecto de… / (la) apariencia de… |

Es de forma de …   Es como …

Tiene una forma indefinida.

| Esto | me recuerda … / me hace pensar en … / se parece a … |

Es multiforme / uniforme / amorfo.

Es deforme.   Está mal hecho.

| No tiene | forma alguna. / ninguna forma. |

ⓑ Una persona puede …

| Ser | alta / baja. / grande / pequeña. |

| Ser / Estar | gruesa / delgada. / obesa o gorda / flaca. |

⊙ Una cosa puede ser o tener la forma:

ancha / estrecha	recta / curva, torcida	rectilínea / curvilínea

redonda / angulada	rectangular	triangular	circular	cuadrada	esférica

cónica	cilíndrica	plana	cóncava / convexa

puntiaguda / roma, chata, sin punta, redondeada

91. EXPRESIONES CON FORMAS SIMILARES PARA EL TIEMPO Y EL ESPACIO

Hay expresiones que emplean las mismas formas, pero con valores distintos; unas sirven para indicar el lugar; otras, el tiempo.

LUGAR		TIEMPO
Vino a Madrid.	a	Vino a las 5.
No había señales en todo el camino.	en, a lo largo de	No abrió la boca en todo el camino.
Iremos de / desde Barcelona a / hasta Sevilla.	de, desde a, hasta	Estuve esperando de /de las /desde las 5 a / a las / hasta las 7
José Luis está delante / detrás de la casa.	delante, detrás antes, después	Juan ha venido antes / después que tú.
Está apoyada contra la pared. Lo puso cara / de cara a la ventana. Tenemos el viento de cara	contra cara	Vamos contra reloj. La etapa de hoy es contra el crono. Vamos cara al viento.
Ayer salió / partió para / hacia Turquía.	para hacia	Esto va para rato / largo. Ya va para 5 años que se fue. Vamos para / hacia la primavera.
Está sobre la mesa.	sobre	Vendrá sobre las cinco.

Cómo expresar la cantidad

9

Cómo expresar la cantidad

92. CÓMO EXPRESAR LA CANTIDAD EN GENERAL

ⓐ De una manera exacta, precisa.

La altura de la torre es de 100 metros.

La distancia de los ejes está comprendida entre 2 y 3 mm.

El diámetro de este orificio es del orden de 0'9 mm.

La manivela efectúa 3.000 rotaciones por minuto.

He comprado una botella de coñac de 3/4 de litro.

Son las tres en punto (exactamente).

ⓑ De forma vaga.

Se hace generalmente con preposiciones, adverbios o giros que indican aproximación.

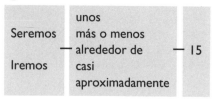

Seremos	unos	
	más o menos	
—	alrededor de	— 15
Iremos	casi	
	aproximadamente	

ⓒ Cuando la cantidad aumenta, disminuye o varía de forma proporcional.

Tiene 5 millones de euros	— y además	— va a heredar otros 5.
	y por otra parte	
Ha perdido en el juego	— y también	— Hacienda le reclama 3.000 euros.

Tiene mucho dinero, pero las deudas son mayores.

Tendría mucho dinero si no fuera porque juega en exceso.

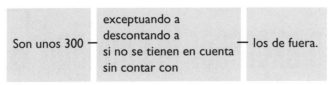

| Son unos 300 | exceptuando a
descontando a
si no se tienen en cuenta
sin contar con | los de fuera. |

Para la variación proporcional, véase la comparación (94).

93. CÓMO EXPRESAR LA INTENSIDAD

ⓐ Con respecto a la calidad.

Las expresiones utilizadas sirven para responder a la pregunta ¿Cómo es?

❶ Intensidad débil o, a veces, nula.

Es una mujer poco / moderadamente elegante.

RESPUESTAS

Es una casa pequeña.

❷ Intensidad media.

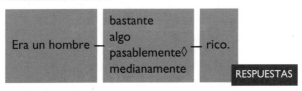

| Era un hombre | bastante
algo
pasablemente◊
medianamente | rico. |

RESPUESTAS

❸ Intensidad fuerte.

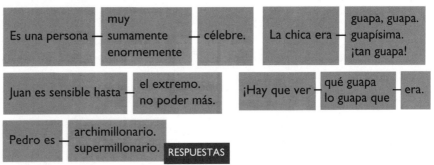

| Es una persona | muy
sumamente
enormemente | célebre. |

| La chica era | guapa, guapa.
guapísima.
¡tan guapa! |

| Juan es sensible hasta | el extremo.
no poder más. |

| ¡Hay que ver | qué guapa
lo guapa que | era. |

| Pedro es | archimillonario.
supermillonario. |

RESPUESTAS

ⓑ Con respecto a la cantidad.

Las expresiones utilizadas sirven para responder a la pregunta ¿Cuánto(s) …?

❶ Intensidad escasa o nula.

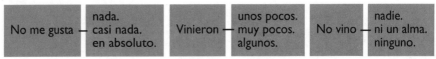

| No me gusta | nada.
casi nada.
en absoluto. | Vinieron | unos pocos.
muy pocos.
algunos. | No vino | nadie.
ni un alma.
ninguno. |

② Intensidad media.

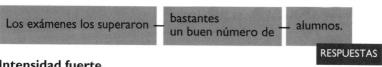

Los exámenes los superaron — bastantes / un buen número de — alumnos.

RESPUESTAS

③ Intensidad fuerte.

A la ceremonia ha asistido — mucha gente. / todo el mundo.

RESPUESTAS

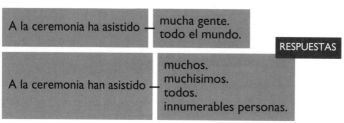

A la ceremonia han asistido — muchos. / muchísimos. / todos. / innumerables personas.

94. CÓMO HACER COMPARACIONES

ⓐ Indicando igualdad.

Se puso a reir como lo había hecho su amigo.   Habla como su padre.

Nos miraba como si no nos hubiese visto nunca.   Pensaba lo mismo que yo.

El dueño le dijo: "Lárguese", tal cual / así, con estas palabras.

He comprado la casa tal cual la había dejado.

Algunos arquitectos, como por ejemplo, Le Corbusier, prefieren el cemento armado.

Es tan rico como su hermano.   No es tan bonita como la otra.

Tiene tanto miedo como yo.   Somos tantos como ellos.

Tenemos igual número de libros que de cuadernos.

Hasta donde yo sé / En lo que llegan mis conocimientos, está alquilada.

Este cuadro se parece a aquel.   Estas esculturas son iguales.

Rock o pintura moderna, es igual; no entiendo nada.

Según vd., la eficacia es lo que cuenta.

159

b **Indicando diferencia.**

•Para indicar solamente la diferencia sin decir si es en mayor o menor grado.
Con las negativas de la mayoría de las frases del apartado anterior.
Con frases como:

El comportamiento del padre es totalmente distinto al del hijo.

Tengo otras preocupaciones que tú.

Mis preocupaciones no coinciden con las tuyas.

•Para indicar la diferencia en más.

Es más prudente que tú.   Juan corre más deprisa que Pedro.

Andrés tiene más méritos que Blas.   Aquí llueve más que nieva.

Es el más inteligente de todos sus hermanos.   Es más bueno / mejor que el pan.*

•Para indicar diferencia en menos (es simétrico al anterior).

Es menos prudente que tú.   Juan come menos deprisa que Pedro.

c **Otros casos.**

Su estancia fue anterior a mi venida.   Este vino es el mejor.

d **Para indicar la proporcionalidad.**

Se es tanto más fuerte cuanto más joven.

Se es tanto más feliz cuanto menos egoísta.

Se tiene tanta más salud cuanto más se pasea.

Cuanto más se lee más gusta leer.   Cuanto más deprisa, más despacio.

Cuanto menos se come menos apetito se tiene.

Tanto como me gusta éste me es insoportable aquél.

Dentro de lo posible / En la medida de lo posible lo intentaremos.

A medida que aumentan los grandes edificios disminuyen las zonas verdes.

Me gusta mi casa cada vez más.

Cada vez hay menos gente que quiere vivir en los pueblos.

95. CÓMO EXPRESAR EL ORDEN, LA SUCESIÓN

ⓐ En general.

Por medio de los numerales ordinales.

El orden de los opositores es el siguiente:			Antes que tú va tu compañero.
primero	X	con 50 puntos	
segundo	Y	con 46 puntos	Tú vas inmediatamente
tercero	Z	con 40 puntos	detrás / después.
....			
trigésimo	W	con 5 puntos.	

ⓑ En la exposición de un tema (véase 106).

En primer lugar ...   Primeramente ...   Para empezar ... diré ...

En segundo lugar ...   A continuación ...   Posteriormente ...

Para terminar ...   Por último ...

ⓒ Para distribuir, clasificar.

Lo haremos cada dos minutos.   Pónganse de tres en tres.

Coloquen cada cosa en su sitio.

Colóquense — por orden de / según la / de acuerdo con la — edad.

Muévase al mismo — ritmo. / tiempo.

Salgan — uno a uno. / de uno en uno. / uno tras otro.

Al dividir una cosa en partes, generalmente, estas partes tienen nombres distintos según la cosa dividida.

ⓐ En general.

Las cosas se dividen en **partes**. | El todo es la suma de las **partes**.

Hemos dividido el billete de lotería en **participaciones**.

Los socios pagan su **parte / cuota**. | La vidriera estalló en **añicos**.

Pegó todos los **trozos / pedazos** y recompuso el jarrón.

El músico ha compuesto una ópera que consta de tres **actos**; he escuchado un **fragmento**.

Las **partículas** que componen el **átomo** obedecen a leyes diferentes a las seguidas por las **moléculas** que componen los cuerpos.

Es posible descomponer el agua en sus diferentes **elementos**.

En los guisos se emplean muchos **ingredientes**.

Las **piezas** que componen un reloj son muy delicadas.

El libro comprende varios **capítulos** que abarcan diferentes **áreas** repartidas en **secciones**.

Para hacer que el aire sea respirable hay que eliminar las **partículas** peligrosas.

Un **céntimo** es una de las cien partes en que se divide la unidad.

Tomó la naranja y la separó en **gajos** que puso sobre el plato.

El **pedazo** de pan que había sobre la mesa se ha deshecho en **migas**.

Cortó el jamón en **lonchas**.

De las tres partes que hizo se quedó con una y —— el **resto** lo distribuyó. / distribuyó las **restantes**.

b Al dividir.

Si dividimos por **2** obtenemos **2 mitades**.

Si dividimos por **3** obtenemos **3 tercios**.

Si dividimos por **4** obtenemos **4 cuartos**.

Si dividimos por **5** obtenemos **5 quintos**.

Si dividimos por **6** obtenemos **6 sextos**.

....

Si dividimos por **10** obtenemos **10 décimos**.

Si dividimos por **11** obtenemos **11 undécimas** partes u **onzavos**.

Si dividimos por **100** obtenemos **100 centésimas**.

Si dividimos por **1000** obtenemos **1000 milésimas**.

c Al multiplicar.

Si multiplicamos por **2** tenemos **el doble o duplo: duplicamos**.

Si multiplicamos por **3** tenemos **el triple o triplo: triplicamos**.

Si multiplicamos por **4** tenemos **el cuádruple o cuádruplo: cuadruplicamos**.

Si multiplicamos por **5** tenemos **el quíntuple o quíntuplo: quintuplicamos**.

etc. ....

97. CÓMO EXPRESAR LOS PRECIOS

a Para preguntar por el precio de algo.

¿Cuál es el precio de …?   ¿Cuánto vale …?   ¿Cuánto cuesta …?

¿En / A cuánto sale …?   ¿A cómo está …?   ¿Por cuánto sale …?

¿Cuánto es …?   ¿Cuánto le debo …?   ¿Qué se debe …?

¿Cuánto me cobra por …?   ¿Qué me lleva por …?   ¿Cuál es el último precio …?

¿Cuál es el importe de …?   ¿Cuánto es el total …?

¿Cuál es su tarifa …?   ¿Cuáles son sus honorarios …?

b **Cómo apreciar lo que cuestan las cosas.**

Si nos parece caro.

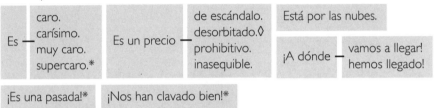

Es — caro. / carísimo. / muy caro. / supercaro.*

Es un precio — de escándalo. / desorbitado.◊ / prohibitivo. / inasequible.

Está por las nubes.

¡A dónde — vamos a llegar! / hemos llegado!

¡Es una pasada!*   ¡Nos han clavado bien!*

Si nos parece barato.

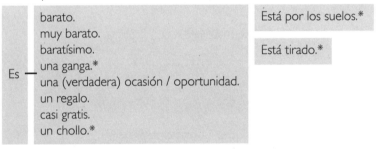

Es — barato. / muy barato. / baratísimo. / una ganga.* / una (verdadera) ocasión / oportunidad. / un regalo. / casi gratis. / un chollo.*

Está por los suelos.*

Está tirado.*

Si nos parece que no es caro ni barato.

Está bien.   Está en su justo precio.   Es lo que vale.   No es caro.

Se puede comprar.   No está mal.   Es buena la relación calidad - precio.

Cómo expresar la relación

10

Cómo expresar la relación

Entre las relaciones podemos distinguir varios grupos:

Unas que sirven para atribuir algo a alguien o a algo.
Entre ellas se encuentran las de inclusión, exclusión, restricción, alternancia o disyunción (98), posesión (76), comparación (94), relaciones selectivas (3).

Otras que sirven para indicar el modo de actuación de algo sobre algo o alguien.
Entre ellas podemos citar: causa, consecuencia, fin, condición, hipótesis, aposición, etc. (99 - 104).

98. CÓMO EXPRESAR LAS RELACIONES DE INCLUSIÓN, EXCLUSIÓN, ALTERNANCIA - DISYUNCIÓN

ⓐ Relaciones de inclusión.

María también ha venido.　Felipe es alto y guapo.　Canta y trabaja a la vez.

He abierto la puerta y he entrado.　No he ido ni a China ni a Australia.

ⓑ Relaciones de exclusión - restricción.

Prefiero salir sin paraguas.　Se marchó sin decir palabra.　No puedo vivir sin ti.

Ha devuelto todos los libros menos uno.　Están todos — si no contamos

sin contar — a Ana.

Está dispuesto a todo salvo a cometer un crimen.　si quitamos

Está siempre tranquilo excepto cuando se le ataca de frente.

Hemos tenido buen tiempo, si exceptuamos el mes de agosto que llovió una semana.

ⓒ Relaciones de alternancia - disyunción.

¿Vas a la montaña o a la playa?　¿Entras o sales?

Esto lo puedes pagar ya en efectivo, ya con cheque.

Bien porque está enfermo, bien porque está ocupado, nunca sale de casa.

Ya sea en el pueblo, ya sea en la ciudad, siempre se lo pasa bien.

99. CÓMO EXPRESAR LA RELACIÓN DE CAUSA

Las relaciones de causa, origen, efecto, fin, medio, están muy compenetradas. La relación de causalidad comprende dos extremos: causa y efecto. Según se tenga en cuenta uno u otro consideraremos la relación de causa o de consecuencia.

Para expresar la causa podemos emplear las expresiones siguientes:

La fábrica produce 50 coches diarios.   El estudio le causa dolor de cabeza.

La avaricia es el origen de todos sus males.   La crema actúa sobre la piel.

El sol ocasiona quemaduras.   Ayudo a vivir a 100 obreros con sus familias.

Esta noticia lo ha hecho feliz.   A causa de ello se ha vuelto loco de alegría.

La edad ha cambiado el color de su cabello.

Este rasgo le hace parecerse a Picasso.   Le hizo comerse el bocadillo.

Teniendo el corcho menos / menor densidad que el agua, flota.

Al tener el corcho menos / menor densidad que el agua, flota.

El corcho flota por tener menos / menor densidad que el agua.

El corcho, que tiene menos / menor densidad que el agua, flota.

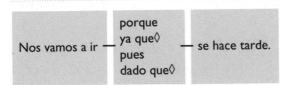

Nos vamos a ir —
porque
ya que◊
pues
dado que◊
— se hace tarde.

Como has suspendido, tendrás que repetir.

El avión salió tarde — porque había mucha niebla.
a causa de la mucha niebla.

Puesto que
Dado que
Visto que — ya no va a venir, no me esperaré.
Debido a que

Si ha llegado antes que nosotros, debe pasar primero.

La han castigado por su retraso.   Ha muerto de sed.

Le han detenido por haber matado a su novia.

Me vuelve loco verla sonreir a todos.

Gracias a su encanto se ha ganado nuestras simpatías.

Con su sonrisa hace lo que quiere de él.

Lo ha doblegado a fuerza de constancia.

100. CÓMO EXPRESAR LA CONSECUENCIA

En las relaciones de causalidad, consecuencia y finalidad hay dos términos: causa y efecto.
*En la relación de **causalidad** se subraya principalmente la causa.*
*En la de **consecuencia**, el efecto como derivado de la causa.*
*En la de **finalidad**, el efecto como resultado de la intención.*

La consecuencia la podemos expresar del modo siguiente:

Los aeropuertos son tan grandes, que para ir de un avión a otro hacen falta coches.

Es tan espabilado que ya ha encontrado trabajo.

Ya no necesita profesor, de modo que estoy de nuevo sin trabajo.

Está tan cansado que se ha dormido.

Saltó de mala manera, de tal forma que se rompió la pierna.

Apóyate sobre mi hombro ── de este modo / así / entonces ── descansarás.

Vd. todavía no tiene trabajo (y) ── por consiguiente / por lo tanto / así pues ── no gana dinero.

El estudiante no ha estudiado, de ahí que haya suspendido.

Llovía, entonces no salí.   Tenía tanto dinero que no sabía qué hacer.

El gobierno, en consecuencia, ha decidido recortar el presupuesto.

Ha trabajado de tal modo que se ha puesto enfermo.

Su decisión ha ocasionado otras muchas.

Todo esto ha provocado la reacción de los sindicatos.

Eso ha producido los resultados que ya conocemos.

Aquellas lluvias trajeron estos lodos.   De ello resultan muchas dificultades.

Su trabajo le ha permitido lograr el éxito.

Puse mucha atención debido a lo que me habías dicho.

Su fracaso proviene de su escasa preparación.

101. CÓMO EXPRESAR LA FINALIDAD

La finalidad puede expresarse por medio de palabras o locuciones que indiquen este concepto.

El batiscafo es un vehículo destinado a la exploración de / explorar las fosas marinas.

El carbonato sódico tiene como función rebajar la temperatura del sílice.

El coche sirve para trasladarse al trabajo.   Es necesario intentar lograrlo.

Se necesita mucho tiempo para llegar a ser especialista.

Para
Con el fin de ── tener éxito en la vida hay que buscarlo.
Con vistas a

Le llamó para que viniese.   Le llamo para que venga.

Le llamaré para que venga.   Se lo explicó de modo que lo entendiera.

Se calientan los hidrocarburos de tal manera que sus partículas se rompan.

102. CÓMO EXPRESAR LA CONDICIÓN Y LAS HIPÓTESIS

*El modo más corriente para expresar una hipótesis consiste en un conjunto de dos frases: una indica la suposición (*si llueve*) y otra el resultado de la suposición (*me quedo*).*
Conviene tener presente la correspondencia de los tiempos en una y otra frase.

Si llueve ── me quedaré.   Si fuera rico daría la vuelta al mundo.
            me quedo.

Si salimos ──   ── encontraremos menos coches.
                    el viernes
                    por la tarde
Si hubiéramos salido ──   ── hubiéramos encontrado menos coches.

Incluso aunque me lo repitiera hasta la saciedad ── no me lo creería.
                                                     dudo que me lo creyera.

Con tal de que lo logremos, el trabajo nos trae sin cuidado.

Según seas rico o pobre los juicios de los demás te harán blanco o negro.

Aunque se volviera loca, continuaría queriéndola.

Si no fuera por el ruido, creeríamos estar en el paraíso.

Sin él en casa, todos hubiéramos estado más tranquilos.

No te lo creerías: me he caído por la escalera.   ¡Si vd. hubiera venido!

¡Si hubiéramos llamado al médico!   ¡Si yo hubiera estado allí!

103. CÓMO EXPRESAR LA OPOSICIÓN - CONCESIÓN

La relación **oposición - concesión** *es paralela a la de* **consecuencia - fin.**

•*Entre la causa y el efecto puede haber "sucesión necesaria" (consecuencia). Ej.: "Está ciego, así pues, no me ve". El efecto es considerado como consecuencia.*
•*Entre la causa y el fin es la intención de obtener un efecto, visto desde la causa, lo que da el matiz a la relación. Ej.: "Duerme para descansar".*
•*Frecuentemente en la oposición se expresa un efecto que no es adecuado a la causa. Se subraya la no adecuación de la causa con el efecto. Ej.: "Está temblando, sin embargo no tiene motivos para ello".*
•*En la concesión se expresa la causa con un efecto que no le corresponde. Se subraya la no adecuación del efecto con la causa. Ej.: "No tiene motivos y, sin embargo, está temblando".*

ⓐ Expresión de la oposición.

Me gusta, sin embargo, no es para tanto.   Iré, no obstante, a gusto me quedaría.

Venga, pero sólo cuando lo necesitemos.

ⓑ Expresión de la concesión.

Trabajo a pesar del ruido.   La carrera, por mucho que le guste, le costará.

Aunque te hubieras vestido de cosmonauta, te hubiera reconocido.

Aunque fuera el único hombre sobre la tierra, no me casaría con él.

Por muy novato que sea, lo hago tan bien como tú.

Es inútil que se lo digas; no te escuchará.   Contra todo lo esperado, dimitió.

Al contrario de lo que se piensa, es una buena persona.

La gasolina es líquida; por el contrario, el asfalto es muy viscoso.

A diferencia de la carga eléctrica de los neutrones, la de los protones es positiva.

Otros actos
de comunicación

Otros actos de comunicación

Los actos que a continuación se exponen son actos complejos. Nos limitamos a indicar alguno de los actos ya vistos que pueden servir para su ejecución.
En algunos casos damos una pequeña descripción o definición de los mismos y exponemos un desarrollo no muy extenso a modo de ejemplo.

104. CÓMO HACER UNA DESCRIPCIÓN

Se puede definir la descripción como una pintura hecha con palabras.
Como en la pintura, lo que se pretende es "hacer ver"; que el lector, el oyente "vea" los rasgos y características del objeto descrito.
El objeto de la descripción puede ser muy variado:
 Un modelo físico, psicológico, los sentimientos, las relaciones con los demás, etc. (véase 3).

Para describir hay que tener en cuenta los actos siguientes:

La sección sexta, en general.
67.- Cualificaciones.
69.- Cualificaciones morales.
70.- Cualificaciones físicas.
Las secciones 7 y 8: localización espacio - temporal.
La sección 2.
34.- Acciones.
La sección 5: los sentimientos.
112.- Citar.
109.- Clasificar.
111.- Resumir.

CÓMO NARRAR, REFERIR, CONTAR

Narrar es relatar sucesos reales o imaginarios ocurridos durante un tiempo determinado. Hay, pues, un orden cronológico, que se podrá alterar si se desea, pero se podrá reconstruir.
A diferencia de la descripción, que es como una fotografía o un cuadro, la narración es como ir contando lo que se va viendo desde un vehículo en movimiento de forma sucesiva. La narración es una descripción en movimiento.

Para hacer una narración hay que tener presente:

Todo lo indicado en el 104.
La sección 7 sobre los actos de comunicación en relación con el tiempo y especialmente 82, 83, 84 y 85.

106. **CÓMO HACER UNA EXPOSICIÓN**

La exposición tiene por objeto presentar algo (un tema, una cuestión, un problema, etc.) para darlo a conocer y que los que lo escuchan lo comprendan.
Se puede exponer el tema del turismo, la situación de una empresa, el plan de ordenación de una ciudad, las innovaciones en materia tecnológica, científica, etc.
Se pueden exponer las razones, los motivos, las causas de una acción (lucha antidroga, contaminación, medio ambiente, seguridad, etc.)
Para hacer una exposición hay que tener en cuenta alguno de los actos vistos en la narración y en la descripción, pues la exposición comprende parte de ellas.

Pero sobre todo nos ayudarán en la exposición las expresiones siguientes:

ⓐ Para iniciar una exposición.

| En primer lugar ... | Ante todo ... | Empezaré por ... |

| El punto de partida es ... | Por una parte ... |

ⓑ Cómo explicarse.

| Me explico ... | Lo que quiero decir es ... | Entiendo por eso ... |

| Es decir ... | Dicho de otra forma ... | En otros términos ... |

¿Ven vds. adónde quiero llegar? | ¿Está claro? | Creo que me explico ...

A saber ... | En efecto ...

ⓒ Cómo nombrar (o no) a alguien.

Se llama ... | Es un ...

Por alusiones. Evocar a alguien.

Vds. saben de quién hablo. | Quien vds. saben. | No quiero citar a nadie.

X, por no citarlo personalmente. | X, para no nombrarlo.

No quiero hacer alusiones a nadie. | Entre paréntesis diré ...

Off de record. | Vds. no ignoran que ...

ⓓ Cómo comparar (véase 94).

Se diría ... | Es un poco como si ... | Hace pensar en ...

Esto — evoca.
recuerda.
es comparable ...

ⓔ Cómo extenderse sobre algo.

Esto merece un examen más — detallado.
profundo.

Es un punto que no podemos — pasar por alto.
tomar a la ligera.

Considerémoslo con más atención. | Me extenderé sobre lo que es esencial.

Haré hincapié sobre este particular.

ⓕ Para concluir.

Todavía cabe / se podría decir ... | Queda aún por decir ... | Finalmente ...

Se puede añadir ... | Para terminar ... | En último lugar diré ...

En la argumentación se dan las razones, los pros y los contras, para mantener una opinión, para defender una exposición, un tema. Es el conjunto de razonamientos para hacer admitir un punto de vista.

Para argumentar hay que tener en cuenta toda la sección 4, expresión de la opinión y especialmente los apartados 49 a 57.

Con el fin de probar, demostrar, juzgar, evaluar, apreciar, analizar, etc. se recurrirá a toda la sección de la relación.

¿Cómo argumentar?

La actividad argumentativa se basa sobre un determinado número de procedimientos que suponen el conocimiento de una serie de campos de argumentación, tipos de argumentos, modo y orden de sucesión de los argumentos.

En una argumentación, en general, puede seguirse un orden parecido a éste:

- Una introducción (véase 106).
- Fórmulas que expresen la oposición, la concesión (véase 103).
- Fórmulas que expresen la reserva, condición, suposición (véase 98 y 102).
- Fórmulas que expresen la causa, consecuencia, fin (véase 99, 100, 101).
- Para llegar a una conclusión.

108. CÓMO PRECISAR, DEFINIR

Para precisar y definir hay que tener en cuenta las relaciones espacio-temporales, sección 7 (especialmente 78, 86c, 87) y la sección 9, cómo expresar la cantidad (especialmente 92 y 93).

Además pueden servir las expresiones siguientes:

ⓐ Precisar.

Preciso que ...	Más precisamente ...	Precisemos ...
Para ser preciso / Yo diría que ...	Para ser claro ...	Por otra parte ...
De hecho ...	He precisado el máximo sobre ...	
He dado todas las precisiones ...		

ⓑ Definir.

Se puede definir por :

Sinonimia	"Cefalea" quiere decir "Dolor de cabeza".
Explicación	La lingüística es el estudio del lenguaje humano.
Extensión	La clase de los cetáceos comprende la ballena, el cachalote, el delfín, la marsopa y el narval.
Ejemplificación	Un cetáceo es, por ejemplo, una ballena.

Glosa Con expresiones como:

es decir ...	si vd. prefiere ...
una especie de ...	una clase de ...
lo contrario de ...	

Paráfrasis dar el equivalente:

pedir permiso	quiero decir ...
pedir autorización	en otros términos ...
preguntar si se puede	dicho de otra forma...
pedir que le dispensen	es decir ...

109. CÓMO CLASIFICAR Y ENUMERAR

Para clasificar y enumerar hay que tener en cuenta todo lo relativo a la expresión de la cantidad y especialmente 92, 95 y 96.

Además , expresiones como:

ⓐ Para clasificar.

Podemos clasificar estos objetos en ...   Esta clasificación comprende ...

La ballena es un cetáceo; ─

pertenece a la clase de los ...
forma parte de ...
está comprendido en ...
entra en el grupo de ...

ⓑ Para enumerar.

Estaban Juan, Paco y Felipe.   No sólo ... sino también...   E incluso ...

Además / Incluyo …	Y también / añado …

Primero, segundo, tercero …	En primer, segundo, tercer lugar …

Finalmente.	Por último.	Por fin.	Y para ser completo.

Esto no es todo.	Esto es todo.

110. CÓMO ILUSTRAR Y EJEMPLIFICAR

Para ilustrar y ejemplificar hay que tener en cuenta gran parte de lo anteriormente expuesto, y el acto 18, "conversar".

Pueden ayudar también expresiones como:

Por ejemplo.	Como ilustración de lo dicho puede servir…

Pongamos un ejemplo.	Este es un buen ejemplo.	Esto os lo hará ver claro.

Si lo comparamos a …	Podemos poner el conocido ejemplo de …

Con un ejemplo lo entenderemos mejor.	Por no poner más que un ejemplo.

Lo que acabo de decir queda ilustrado con las palabras de …

Esto ilustra bien lo que quiero decir.	A modo de ejemplo os diré …

Y así vemos que …	Esto podría serviros de ejemplo.

111. CÓMO RESUMIR

Al realizar alguno de los actos anteriores, si no se quiere entrar en detalles o después de haber hecho la exposición, si se desea resumir, hay que tener en cuenta los apartados 18, 83, 85, 95, 100 y 101.

Pueden servir también expresiones como éstas:

Para resumir diré que …	En resumidas cuentas.

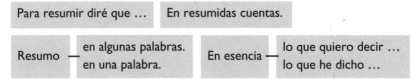

Resumo — en algunas palabras. / en una palabra.   En esencia — lo que quiero decir … / lo que he dicho …

Lo que hay que retener / conservar de lo dicho es que ...

Para terminar lo resumiré diciendo ...   Para acortar me limitaré a ...

Lo dicho se puede compendiar en dos palabras.   Diciéndole brevemente ...

En resumen ...   Resumiendo ...   En pocas palabras ...   En dos palabras.

Lo podemos esquematizar así ...   Grosso modo ...◊

Y como conclusión y resumen diré ...

112. **CÓMO HACER UNA CITACIÓN** (Véanse 22, 36, 38 y 110)

Cuando uno habla, para amenizar, confirmar, demostrar lo que dice puede echar mano de lo que él u otros han dicho o escrito. Para ello puede seguir uno de estos dos caminos:

ⓐ Citarlo tal cual fue dicho, con una introducción como:

Aquí vendría bien recordar lo que F. de T. escribió en ... "Todos sois ..."

No estaría mal traer a colación el refrán que dice "Donde las dan las toman".

Y como ya dije en otra ocasión "No todos estamos igualmente dotados".

Si mal no recuerdo fue Santa Teresa la que escribió "Vivo sin vivir en mí ...".

¿Recuerdan vds. quién es el autor de "En un lugar de la Mancha ..."?

ⓑ Interpretarlo modificándolo o corrigiéndolo.

Aunque hay autores que opinan que todo conocimiento viene a través de ... tengo para mí que no es totalmente exacto.

A pesar de lo que dijo F. de T. "..." yo opino que ...

En contra de la teoría de F. de T. "..." yo sostengo que ...

Que no me venga ahora diciendo que cuando dijo "..." quería decir "..."

C **Citar lo que se ha dicho o escrito de modo indirecto, no textualmente.**

En este caso la dificultad está en la correspondencia de los tiempos verbales (según sea presente o pasado) y en la forma de introducir lo citado.

ASEVERACIÓN

Frase original	Frase citada
El profesor dice a los alumnos: "Habéis trabajado muy bien, sois capaces de pasar el examen y tendréis éxito con toda seguridad".	En presente: El profesor dice a los alumnos que *han trabajado* muy bien, que son capaces de pasar el examen y que *tendrán* éxito con toda seguridad.
	En pasado: El profesor dijo a sus alumnos que *habían trabajado* muy bien, que eran capaces de pasar el examen y que *tendrían* éxito con toda seguridad.

PREGUNTA

Frase original	Frase citada
Juan pregunta: ¿Queréis que os ayude?	En presente: Juan *pregunta / desea* saber si *queremos* que nos *ayude.*
	En pasado: Juan *preguntó / deseó* o deseaba saber si *queríamos* que nos *ayudase.*
Antonio pregunta a su amigo: ¿Por qué has venido?	En presente: Antonio *pregunta* a su amigo por qué *ha venido.*
	En pasado: Antonio *preguntó* a su amigo por qué *había venido.*

Frase original	Frase citada
Ana dice a su hermano: Dame el libro.	**En presente:** Ana *dice* a su hermano que le *dé* el libro.
	En pasado: Ana *dijo* a su hermano que le *diese* el libro.

113. LA CORRESPONDENCIA

Aunque las nuevas técnicas y medios de comunicación (teléfono, telex, fax, etc.) hagan que cada vez se escriban menos cartas, conviene saber algunos detalles sobre las mismas.

Vamos a exponer principalmente los saludos y despedidas en la correspondencia, que dependen del tipo de carta de que se trate.

De una manera muy general podemos distinguir dos tipos de cartas:

a **Cartas de negocios** (comerciales, administrativas, etc.) según el objeto tratado y el destinatario.

Dentro de esta categoría puede suceder que se conozca, o no, al destinatario, en cuyo caso el saludo inicial y final variarán.

Si no se conoce al destinatario se emplean fórmulas como:

Muy Sr. mío:	Muy Sres. míos:	Apreciado señor Tal (apellido o cargo):

Si se conoce al destinatario, el saludo puede variar según el grado de conocimiento o de amistad:

Estimado Francisco:	Mi estimado Sr. Rodríguez:

Las cartas administrativas o similares emplean un tratamiento especial que depende del rango o categoría del destinatario:

Excelentísimo Señor (+ título o función):	Ilustrísimo Señor (+ título o función):

Las terminaciones de las cartas de negocios son paralelas a los saludos. Dependen del grado de conocimiento.

Pueden ir desde:

Si la relación es puramente formal:

Atentamente. | Sinceramente suyo. | De vd. muy sinceramente.

Su seguro servidor.

Si la relación es menos formal y expresa grados progresivos de amistad:

Sinceramente tuyo. | Cordialmente tuyo.

hasta:

Respetuosamente suyo. que se emplea en correspondencia con dignatarios u oficiales superiores en situaciones o relaciones formales.

ⓑ Cartas de amistad y familiares.

Según el grado de amistad las fórmulas empleadas son:

INICIALES	FINALES
Con cierto grado de amistad.	
Querido Enrique:	Un saludo afectuoso.
Querida Ana:	Un fuerte abrazo.
	Un cordial saludo.
Con mayor grado de amistad	
Mi querido (amigo) Enrique:	Recibe un fuerte abrazo de tu amigo / a que no te olvida.
Mi querida (amiga) Ana:	

Mi queridísimo Enrique:	Besos muy fuertes.
Mi queridísima Ana:	Ya sabes que no te puedo olvidar.
Mi amor:	Ya sabes que te recuerdo con todo cariño.
Cariño:	Ya sabes que te echo mucho de menos.
Querido:	Ya sabes que sólo pienso en ti.
	Con todo amor, tu …
	Con todo cariño, tu …

114. CÓMO HACER UN CURRICULUM VITAE

En la agitada vida actual, en la que obtener un puesto de trabajo es cada día más difícil, hay que estar preparado para lograrlo cuando se presente la ocasión.

El primer requisito que en cualquier oferta de trabajo se va a exigir es la presentación del curriculum vitae.

Exponemos a continuación, en esquema, lo que puede comprender este documento.

❶ **Datos de identificación personal.**

Nombre y apellidos.	Teléfono.	Situación familiar (soltero / casado / hijos).
Dirección.	Fecha y lugar de nacimiento.	Nacionalidad.

(Se pueden incluir las lenguas que se conocen y su grado de conocimiento.)

❷ **Puesto o empleo que se desea** (voluntario).

❸ Formación y experiencia.

Es la parte más importante.
Hay que hacer mayor hincapié en aquello que sea más relevante para el puesto ofrecido. Si se debe recalcar más la formación académica, se empieza por ella; si no, por la experiencia.

•Formación académica:

Títulos	Diplomas	Cursos especiales	Menciones

Certificados acreditativos de la competencia de uno.

Becas obtenidas (Con sus respectivas fechas y organismos, etc.)

Se citan por orden inversamente cronológico o por su mayor importancia (de mayor a menor).

•Experiencia:
Se deben indicar los puestos o trabajos que se han tenido o realizado indicándolos del más reciente al más antiguo (con sus títulos, responsabilidades, fecha, lugar, empresa, etc.).

❹ Informes personales.

Distintos de los del apartado 3.
Puede comprender actividades de tipo cultural, deportivo, humanitario, etc.
Se puede hacer referencia al estado de salud.

❺ Referencias.

Si no se piden referencias se puede indicar que se presentarán si así lo desean. Si se piden expresamente, conviene dar dos o tres, indicando con claridad nombres, direcciones, lugares, etc. (de las que sean favorables).
A ser posible de trabajos o sectores diferentes.

❻ Publicaciones y trabajos.

Si se han hecho publicaciones, trabajos, conferencias o cursos, etc., todo ello es una aportación estimable para el c.v.
Si no se ha realizado nada de esto, basta con no mencionar el apartado 6.

El curriculum vitae debe estar fechado y firmado a mano.

Índice Alfabético